書の古代史

書の古代史

東野治之

岩波書店

目次

序

序

木簡が、古代の遺跡から本格的に出土するようになって、三十年余りになる。墨書《ぼくしょ》土器や刻印のある土器など、それ以前から知られていた文字資料を含め、近年では、ますますその発見量が増えてきた。これらの文字資料は、書物や古文書に比べると、もりこまれる情報量がもともと限られている。しかしなんといっても、これらは古代人の残したなまの資料であり、既知の史料と考え合わせることによって、新しい古代史像を描ける場合も少なくない。いまや古代史の分野では、こうした地中から見つかる文字資料をぬきにして、歴史・文化を語ることができなくなっている。

しかしこれらの文字資料は、大部分肉筆で書かれているわけで、書蹟としての性格も備えている。したがってこれらを書道史の材料としてみることも、当然なされてよいであろう。ところが古代史研究の場合にくらべると、書道史の分野で、木簡や墨書土器がじゅうぶん活用されているとはいえないのが現状である。中国の辺境から発掘された漢簡や、漢墓出土の竹木簡が、中国書道史を語る上に、欠くことのできない作品となっていることをみると、日本のこの現状は不思議にさえ感じられよう。

それにはいくつかの理由が考えられるが、最も大きいのは、日本の木簡と中国の竹木簡との性格の違いである。中国の竹木簡は、紙の普及以前のものが大半であるのに対し、日本の木簡は、紙と併用されたものである。そのため中国の竹木簡の書は、たとえ下級役人の筆になったものでも、当時の肉筆をうかがう唯一の資料であり、書の質も、詔勅を書いたものをはじめレベルの高いものを含んでいる。いっぽう日本の木簡が書かれた時代には、紙の書物・文書が作られており、その一部は今日に伝わっているし、金石文なども相当数現存する。書の質も、紙や金石にあらわれたものの方が、一般的には高い。木簡や墨書土器の書は、どうしても二番手にならざるをえないのである。

木簡に対する書道史の側からの発言を少なくしている原因は、古代史や考古学の研究者にもある。古代史研究の場では、木簡や墨書土器、あるいは金石文の記載内容に注目は集まっても、その書に関心がもたれることは稀である。しかも公表される報告書、図録の類は、古代史や考古学関係者以外の目にふれにくいので、よほど積極的な関心をもつ書道史家でなければ、どのような資料が発見されているのかさえ、つかむのがむずかしいであろう。

しかし、だからといって木簡などの書道史的な価値がなおざりにされてよいのではない。木簡の書に注目することによって、書道史的にはもちろん、古代史研究の面でも、興味深い問題がうかびあがってくる。

まず木簡は、その大半が無名の役人の筆になったものといってよく、いわゆる名筆・名品といえるものは、極めて少ない。出版物の図版にとりあげられるものなどは、多くの木簡の中でも、書としてのまとまりや質が、かなり高いものと考えていただいてよいだろう。しかし、これらに示されている書のレベルや多様性は、飛鳥・奈良時代の名品の背後にあった書文化の様相を、極めて具体的に示してくれるのである。いままでこれと同様な資料としては、正倉院の古文書があった。木簡の世界は、それをさらに拡大したもので、その筆者も中央の役人はもちろん、地方豪族クラスまで、多岐にわたる。時代的にみても、正倉院文書は八世紀代を中心としているが、木簡では、さらにさかのぼって七世紀代のものが多数ある。従来の名品を、これら多種多様な書を背景に改めて位置づけることが、書道史にとっても要請されるであろう。

いっぽう、これら多様な木簡の書を大観するとき、やはり一つの流れのあることに気づく。とくに著しいのは、八世紀初めごろを境とした、大きな書風の変化である。現象的にみれば、それは読みづらい、奇古な書から、整った端正な書へ、という変化である。書道史では、これまでから金石文や写経の書を分析して、八世紀前半ごろに、六朝《りくちょう》風の書から唐風の書への変化を認める考え方が有力だった。木簡にみられる書風の転換は、この見通しを裏づけるようにみえる。木簡からみると、七世紀末には二つの書風が併存し、中央では八世紀初め以後、ほぼ唐風の書の優位が確定する。しかし地方では、根強く古めかしい書風が残る傾向も存在したようである。

このような書風の変化は、書道史的にみて興味深いばかりでなく、古代の歴史全般を考える上にも重要な手がかりを与えてくれる。とりわけ注目されるのは、新しい書風の導入ということよりも、古い書風の残存である。七世紀末といえば、中国ではすでに初唐に入り、初唐の三大家、欧陽詢、虞世南、褚遂良の活躍期も終わったころにあたっているが、この時期、日本では、まだ隷書の雰囲気を残す古い書風が行なわれていた。この古い書風は、三過折《さんかせつ》が明瞭でなく、磔法《たくほう》を強調するなど隷書《れいしょ》的ではあるが、筆法そのものをみると、もちろん純粋な隷書のそれではなく、楷書に隷書風の結体をとどめているといった方がよいであろう。このような古めかしい書が長く残存したのは、日本古代の文筆技術が、同時代の中国から直輸入されたものではなく、古代朝鮮諸国を経由して導入・移植されたためと考えられる。いいかえれば八世紀初めまでの日本は、さまざまな面で、古代朝鮮文化の強い影響をぬけだしてはおらず、当時の書がその実態を目にみえる形で示しているということになろう。

　事実、こうした古い文化要素の残存は、文化の諸方面で指摘できる。日本古代の尺度が、朝鮮伝来の尺度から、唐尺に全面的に切り換えられたのは、八世紀初めであった。また七世紀末以来、いく度かの試行錯誤をくり返しながら、古代貴族の服装・結髪が最終的に唐風化したのも、八世紀初頭である。あの高松塚古墳の壁画に描かれた女性たちが、高い髪を結わず、まだ左前に着物を着ているのは、その古い服装をとどめた最後の例といってもいいだろう。

　なお古い書風の問題と関連して見逃せないのは、「ぬ」「ツ」「ア」(へ)のように、のちの平仮名や片仮名と同じ字体や、それらの原型となる表音仮名が使われていることである(本書八九、二一三頁)。これらは古風な書に特徴的で、やはり朝鮮で用いられていた略体字が、漢字の一書体として入ってきたのであろう。仮名の体系的な整備は九世紀以降のことだが、早く受容された古い書風の表音字が、そのヒントになったとみられる。

なお木簡に表れた書体は、おおむね楷・行の範囲を出ない。例外的に、さきに書いた独草体の表音仮名があるだけである。これは正倉院文書とも共通するところで、八世紀以前には特殊な写経で草書を用いる以外、篆・草は常用されなかったことを示している。

つぎに墨書土器であるが、多くの場合、墨書は一つの土器について、一―二字という少なさなので、木簡にくらべ史料価値に遜色があるのは否めない。しかし木簡と違って出土する範囲は圧倒的に広く、とくに関東、東北などからも大量に発掘されていて、木簡からはうかがえない一面をのぞかせてくれる。たとえば出雲国庁出土の土器に則天文字の「地」があるのは、地方への唐文化の波及を知る上に貴重であるし、金沢市黒田遺跡から出土した土器に篆書《てんしょ》体の「字」が記されているのも珍しい(六七頁、図2-4)。しかし中央でも数少ない特殊な文字や書体が土器に記されるのは、何らかの呪術的な意味があったことも考えられ、文化的にあまり過大に評価することはできない。また墨書土器が広い範囲で見つかり、村落跡などからも出土しているところから、識字人口が大きかったとする議論もあるが、一字二字の文字が書けるということと、文章を綴り読むこととは全く次元が異なるから、簡単にそう結論することはできないだろう。墨書土器には、意味のわからないものや呪術的な意義の考えられるものが多く、その評価は今後の検討課題といえる。

第一章　「もの」に託された文字

1　稲荷台古墳の「王賜」銘鉄剣

一九八八年、千葉県市原市の稲荷台一号墳から出土した鉄剣に、銀象嵌で文字の入れられていることが判明し、新聞等でも報道された。古墳時代の刀剣銘といえば、古くから七支刀のような有名なものもあり、また十数年前には埼玉県稲荷山古墳から、一一五字という長文の金象嵌銘をもつ鉄剣が出て、話題を呼んだことがあった。その間に島根県岡田山一号墳出土の大刀銘（本書二三頁）など、二点の銘文入り刀剣も見つかっている。

稲荷台古墳のものは、これら既出の刀剣類の中では比較的短文だが、内容的には今までにない性格をもつといえる。この銘文については、国立歴史民俗博物館の平川南氏による概報が公表されているが、幸い解読に協力する機会を与えられたことでもあり、書道史的にも興味深いので、私見をまじえながら、この銘文をとりあげてみよう。
すでに報じられているとおり、銘文は左のように読める(図1-1)。

(表) 王賜□□敬□(安)

(裏) 此廷□□□□

剣そのものは四片に折れ、一部欠失しているが、全長約七三センチメートルと推定される。文字があるのは、刃の根本に近いところである。ちょうど文字のある個所に欠失があるのは惜しいが、これは土中で木の根に壊されたためで致し方ない。

剣全体は、厚い錆でおおわれているから、文字の解読は、これまでの発見例と同様、X線写真で行なわれた。ただ「王賜」のあたりは肉眼でも象嵌がみえる。銀象嵌といっても、かなり金色を帯びており、相当量の金を含んでいるらしい。

銘文を読み下すと、「王、……を賜う。敬《つつし》んで安ぜよ。此の廷(刀)は、……」となる。「賜う」の上には、剣のことが入るのであろう。「安」はウ冠などごく一部、字画が残るだけだが、「安」の古い字形の一部とみてよかろう(図1-2)。古く中国では、「安」は「案」や「按」と通じて使われている(李鎏『昭明文選通叚字考』台湾嘉新水泥公司、一九六四年、方文輝『中医古籍通借字古今字例釈』科学普及出版社広州分社、一九八二年など参照）。「按」は「つかむ」「なでる」の意だから、ここは王から賜わった剣をつつしんで取るように、ということである。後世の例だが、『延喜式』（刑部省）に「剣を案じて戮す」と処刑の様子を記しているのは、「剣をとって」の意味である。裏面には、以上を受けて、この剣をとる者は不祥や兵難を避けることができよう、というような常套文句が入れられていたのだろう。

　いったいこの銘は、筆画のすべてを象嵌してはおらず、「賜」はその好例である。「此」や「廷」も

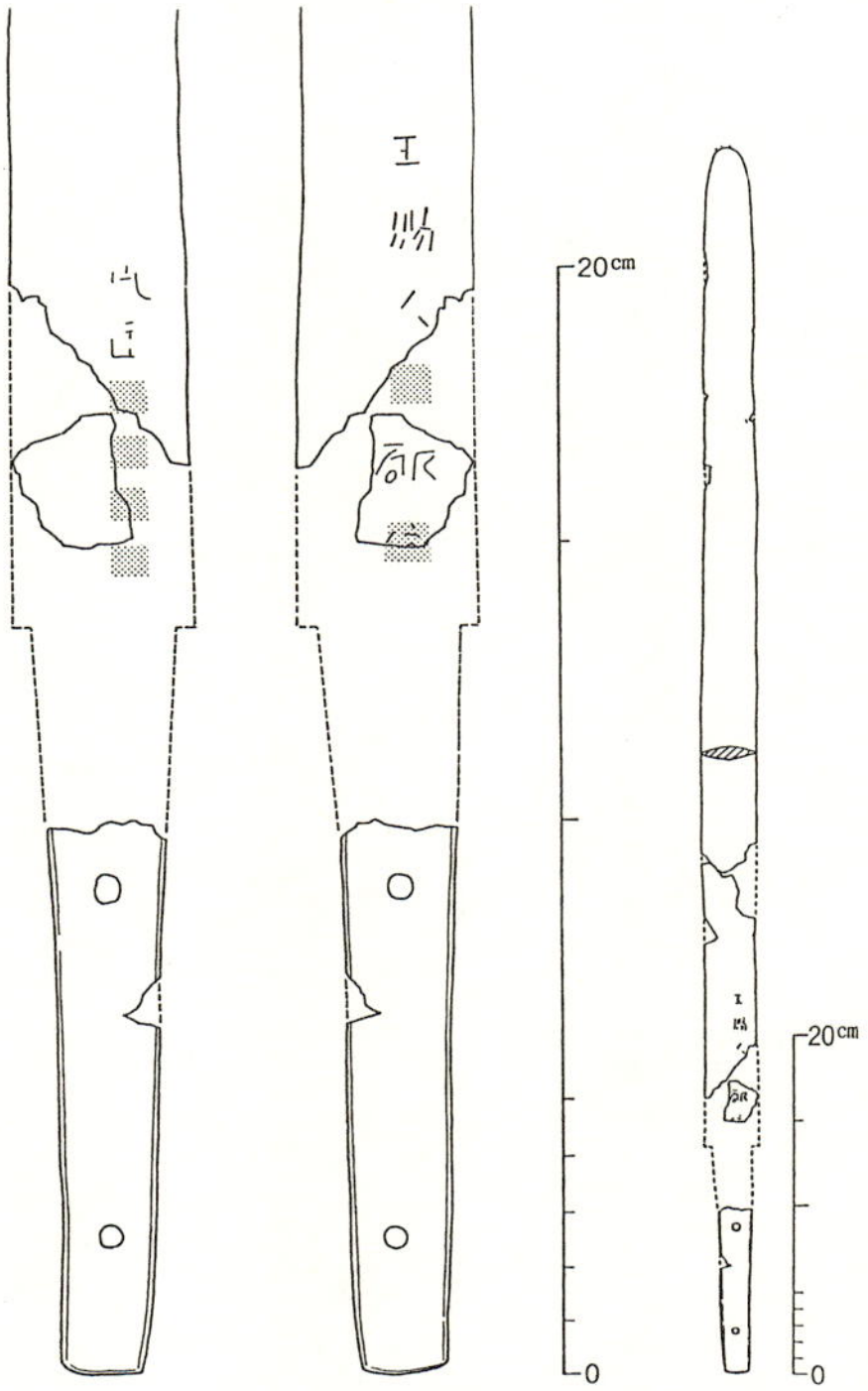

図1－1　稲荷台古墳鉄剣

図1－2　漢の曹全碑「安」

象嵌の省略か脱落があって、一見すると読みづらい。平川氏は熊本県江田船山古墳出土大刀の銘文などを参照して、こう読まれたわけだが、断案といってよい。「廷刀」という言葉も船山古墳の大刀銘に出ている。なお表面の「敬」も、字画が足りないようにみえるが、この形は中国北斉(六世紀後半)の張智宝造像記に例があり、『碑別字続拾』に拾われている。

この剣の出た稲荷台一号墳は、出土した土器などから五世紀後半も早いころを下らないとされ、副葬されたこの剣は、従って五世紀半ばから前半にまで溯る可能性がある。この剣は、銘文にあるとおり、王からおそらく墓の主に賜わったのだと考えられるが、その王は誰か、また墓の主はどのような人物かということが、歴史的には当然問題になってくる。

これについてはまだ議論を重ねる必要があるが、概報でも述べられているように、王に関しては畿内の大和王権の王とみて支障はない。五世紀の大和の王は「大王」を称していたとされるが、彼らは中国南朝より倭国王として冊封されており、正式称号は「王」だったと考えられる。国内ではそれが大王と尊称されたのであった。群小の王がいて、その王中の王として大王と称したというのは当たらないだろう(拙著『日本古代金石文の研究』岩波書店、二〇〇四年)。銘文の王は、百済王など外国の君主かと考えられなくもないが、もし倭国の者に与えたのなら、はっきり「百済王賜」などとするはずである。それでなければ倭国王との区別が明確にならない。その点百済からもたらされた七支刀の銘に、「百済」や「倭王」の語があるのが参考になろう。

ところでこの銘は、書道史的にも重要である。その書風には、古い特徴がよく表われている。先にふれた「安」もそうだが、たとえば「敬」の左側の口が丸くあらわされているのも、隷書《れいしょ》の特色といえよう。「敬」の旁《つくり》は隷書の「欠」になっているが、これも清の顧藹吉の『隷弁』にいうように、漢隷ではしばしば「攵」と通用する。象嵌技術は、字画の省略もあって、あまり精密とはいえないが、それでもこの銘には漢隷に通ずる、このような古さが認められる。「此」の最終画が、長く垂下して引かれる例も、漢碑によく見かける。これに関連して注目されるのは、表面の「王賜」の銘が、字間を調節することにより、裏の銘より一段高くなるよう入れられていることである。概報にもあるとおり、漢の西嶽華山廟碑や漢簡では、皇帝の名や批答《ひとう》を一段高くもち上げて書いているが、それ以外にも奈良時代の写経の奥書には、亡くなった父親を意味する「先考」の語をもち上げて書いた例があり（宝亀十年書写大般若経、唐招提寺蔵）、それらに通ずる表記といってよい。

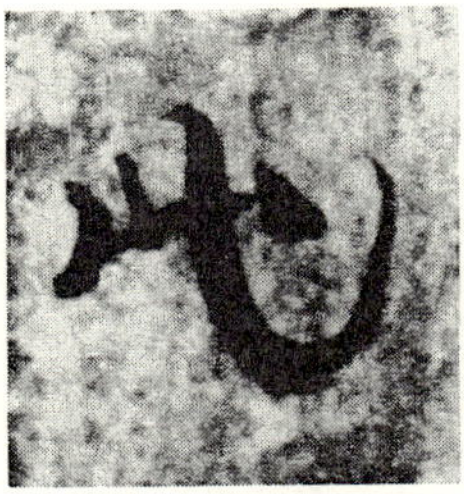

図1－3　牟頭婁墓誌「此」

ただこの銘の書の特色が、じかに中国から来ているかといえば、そうではなかろう。たとえば本書「出雲出土の鉄刀銘」でも指摘するが、このような書風の特色は、他の五－六世紀の金石文や、朝鮮古代の金石文にも共通する。剣銘の「此」とよく似た「此」（図1－3）が、高句麗の牟頭婁墓誌（五世紀）に現れているのは示唆的で、やはり朝鮮の文字文化との関わりを重視しなければならない。しかし同じ古代朝鮮の金石文でも、七支刀銘(三六九年か)や好太王碑(四一四年)などとは、やや書風を異にしており、むしろ新羅真興王の昌寧碑(五六一年、一九七頁挿図)や日本の稲荷山鉄剣銘(四七一年)と類似点がある。そこにこの銘の年代もうかがえそうに思えるが、これはやはり類例の増加をまって判断した方がよかろう。こうした「王賜」剣は、豪族向けに複数作られたと考えることもでき、今後の新たな発見が期待される。

この鉄剣については、その後市原市教育委員会・㈶市原市文化財センターの編になる報告書『「王賜」銘鉄剣概報』(吉川弘文館、一九八八年)が刊行されており、また銘文も研ぎ出されて肉眼で見ることができるようになった。

2　朝鮮出土の銀象嵌鉄刀銘——刻まれた吉祥句

近年、考古学的な発掘調査の隆盛にともなって、日本の古代金石文も数を増している。新しく書道全集を編むとすれば、全面的な改訂を要するのが、この分野であろう。

なかでも刀剣銘の増加は、めざましいものがある。千葉県市川市の稲荷台古墳から出た大刀に、銀象嵌の銘文が発見されたのは一九八八年だが、その後の例を含めて、銘文のある刀剣は十例を数える。

一方、目を同時代の中国や朝鮮に向けると、銘文のある刀剣の実例は意外に少ない。とくに朝鮮などは、日本の古墳・飛鳥文化との密接な関係からいっても、日本の有銘刀剣の先例となるものがあってもよさそうでありながら、実際には昌寧の古墳から出土した大刀が一例知られていただけである。しかもこの大刀銘は、残りが悪く十分には解読されていない。むしろ日本に伝世した石上神宮の七支刀が、長い間ほとんど唯一の朝鮮製有銘刀剣だったといえる。

ところが一九九〇年、朝鮮出土の有銘刀が出現した。といっても新しく発掘でみつかったわけではない。第二次大戦前、東京帝室博物館に購入され、そのまま保管されてきた一本の大刀を、同館の早乙女雅博氏がX線を使って調べたところ、銘文が出て来たのである。この大刀は環頭の柄をもち、刃わたり六四センチメートルに及ぶが、刃の部分は大きく修補されており、もともと一本のものだったかどうかは不明である。また銹化《しゅうか》が進んで分離・欠損も多く、決して保存状態がよいとはいえない。私も実物を見せていただいたが、肝心の文字も肉眼ではまったく見ることができない。購入品ということもあって、出土地や出土状況もはっきりとわからない。しかし早乙女氏によれば、柄の金具に象嵌された渦巻文様からして、五世紀後半に製作された刀であることはまちがいないという。とすれば

図1－4　朝鮮出土鉄剣銘

これは、埼玉の稲荷山古墳の剣や熊本の江田船山古墳の刀など日本の古墳時代の刀剣と同時代の資料ということになる。発見の意味は、まことに大きいといわねばならない。

さて銘文は、刀の棟《みね》に象嵌されており、象嵌には銀が使われているらしい。現状では銘文は、主として刀本体と、分離した断片の二個所に残るが、これらは一つにつながる可能性が強く、そうすればひとつづきの銘文になる。

不畏也□令此刀主富貴高遷財物多也

一字目は上端が少し欠けているが「不」であろう。二字目は「畏」の異体字で、類似の形が中国北斉の徐徹の墓誌にみえる。四字目はいまのところ不明である。

この銘文で惜しまれるのは、文の最後がこれで完結しているとみられるのに、銘文の書き出しが失われていることである。銘文の最初には、一般に年月日や製作に関係する人名などがくることが多い。この銘文でそこが欠けているのが残念である。

しかし幸いに文意は明瞭である。「不畏也」は、「畏れざるなり」、その下は不明の一字を別にすると、「此の刀の主をして、富貴にして高く遷り、財物多からしむる也」と読める。これに似た文は、中国の鏡の銘などに類例がある。次にあげるのは、後漢の鏡銘の一つである。

延康元年〔二二〇年〕十月三日、吾作明竟、幽湅三商、買者□、貴富高遷、三公・九卿・十二大夫吉

この刀の文章も、鏡銘と同様、持ち主によいことがあることを述べた吉祥句で、「貴富高遷」云々は、持ち主の地位が高くなり、財産が増えるという意味である。「畏」は吉祥句らしくないようであるが、これは、この刀があれば、どんな敵も「恐ろしくない」という表現だろう。

しかし実をいえば、銘文の字画だけから「物」の字などを、こう読み切るのは少し勇気がいる。読者の中にも、本当に「物」なのかと思われた方もあるのではなかろうか。そこで念のため左の文をあげておこう。

官に仕えて皆高遷するを得、財物自然に長益し、飲食充饒し、皆富貴を得るなり。

これは『灌頂経』という仏典の一節であって、仏の経説を聞く者は、その願いがかなうことを述べた個所である。現世利益を列挙する点では鏡の銘文と同じで、こちらは仏教が背景にあり、鏡銘では道教的な思想が背景にあるという違いにすぎない。この『灌頂経』という経典は、四世紀に漢訳されたもので、銘文よりは古いが、こういう表現は長く常套的に使われていたとみてよかろう。銘文の読みは、こういう資料を念頭に置くと疑いをいれる余地はあるまい。

日本の刀剣銘では、このような吉祥句の占める比重が低く、どちらかといえば、個別の製作事情に

重点がおかれている。この点では、双方はあまりうまくかみ合わず、直接の影響関係など考えられそうにない。むしろ興味深いのは、新しく見つかった銘文の書風であろう。早乙女氏からX線写真を見せていただいた時、第一に感じたのは、稲荷山古墳鉄剣銘との書風の類似だった。もちろん一字一字がそっくり、というのではない。しかしこの銘の方形の字画をみると、みな角が丸く、円や楕円に近い形になっている。これは隷書的な古い筆意の残存とみるべきもので、稲荷山古墳の鉄剣銘にも、まさにこの特徴があらわれている。この銘文は、古墳時代の刀剣銘の源が古代朝鮮にあったことを、書風の上から物語っているといえよう。ただこの銘文は、稲荷山の銘よりさらに柔軟な書風を下敷にしているらしく、「物」の牛(うし)偏などには草書風のところも看取される。牛偏の縦画がないらしいのも、象嵌の粗雑さのためというより、草書風の筆蹟をそのまま追うことが、象嵌では困難だったからかも知れない。

この銘文は大刀の修復が完成すれば、さらによい状態でみることができるはずだと期待されていたが、この文章が出てからしばらくして、みごとに修復され、銘文は肉眼でもはっきりとみえるようになった。

この銘文についての詳細は、東京国立博物館編『修理報告 有銘環頭大刀』(一九九二年)所収の拙文(拙著『日本古代金石文の研究』岩波書店、二〇〇四年、第二部第一章に再録)を参照していただきたい。

3　出雲出土の鉄刀銘

一九八四年は年頭から、二つの銘文入り大刀の発見が報ぜられた。出雲の岡田山一号墳と但馬の箕谷古墳の鉄刀である。このうち、出雲の鉄刀銘について私見を求められたのを機に、その問題点を、とくに書に重点を置きながら整理しておくことにする。

この鉄刀銘は象嵌で表わされている。その技法や欠失部分などについては、今後の詳しい調査報告を待たねばならないが、技法的に注意されるのは、X線写真でも明らかなように、象嵌された金属が同一筆画中でもとぎれている個所が往々みられることである。すなわちこの象嵌は、必ずしも厳格に筆画を再現しようとしていないといえよう(図1－5)。

ただそれにも拘らず、銘文の書風には一定の特色が看取される。それは隷書的な書風の存在である。

それが最も明瞭なのは、銘文十一字目の「利」である。「利」の旁をこのように書くのは、漢代の隷書に例が多い(たとえばスタイン将来の急就章木簡など)。このような書風の特色を念頭において、次に銘文の他の字を見てゆこう。

現在のところ銘文は、十二字が確認されており、

各田ア臣□□□素□大利□

と釈読されている。はじめの四字が「額田《ぬかた》部臣《べのおみ》」であり、「各」が「額」の、「ア」が「部」の省画であることは動かないであろう。これと全く同じ表記が、奈良時代初期の平城宮木簡三二九五号にみえる(奈良国立文化財研究所『平城宮木簡』Ⅲ　一九八〇年)。

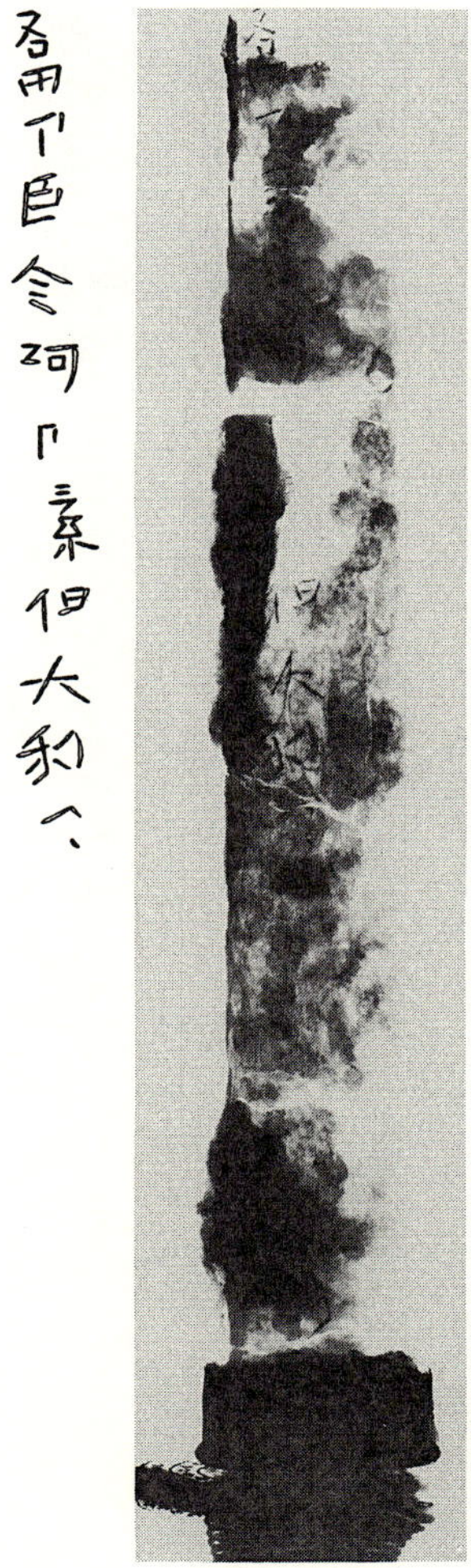

図1－5　岡田山1号墳大刀のX線写真と銘文の見取図(左)

図1-6　史晨前碑「雒」

「各」の第一画は、字の布置からみて本来なかったものであろう。第一画が見えないことから、釈読に疑念を持つ人もあるようであるが、それは当たらない。たとえば後漢の乙瑛碑や史晨前碑（図1-6）にみえる「雒」をみると、その第一画は隷書の筆意を反映して不明瞭なものとなっており、銘文の「各」に近い。

「ア」については、この省画形が、すでに指摘のあるとおり高句麗長安城刻石（五六六年）に「後ア」とみえ（図1-7、田中俊明「高句麗長安城城壁石刻の基礎的研究」『史林』六八-四、一九八五年）、それ以外にも、百済の旧都扶余出土の平瓦刻印銘に「上ア」「中ア」「下ア」などとみえる（図1-8）。古代朝鮮には、地方統治の組織として五つの組分けがあり、五部と称されるが、これらはいずれも五部の名称である。我国では「ア」は、「白髪部《しらかべ》」など「某ア」として使われる場合が圧倒的に多く（図1-9）、この銘文も例外ではない。このことは、古くから言われている、五部の制度と日本の部民制との関連を、側面から裏付けるものであろう。日本では、「ア」の確実な用例は七世紀代以後に現われるが、朝鮮での使用は上述のように六世紀代に確認されるので、我国でも六世紀以前にあっておかしくはない。

なおつけ加えれば、「ア」の起源は、更に古く中国漢代にさかのぼる可能性もある。すなわち居延出土の漢簡（図1-10）には、しばしば物品受領の印として「ア」が用いられている。その源は明らか

図1－10　居延漢簡
（部分）

図1－9　飛鳥京木簡

図1－7　高句麗長安城刻石
（部分）

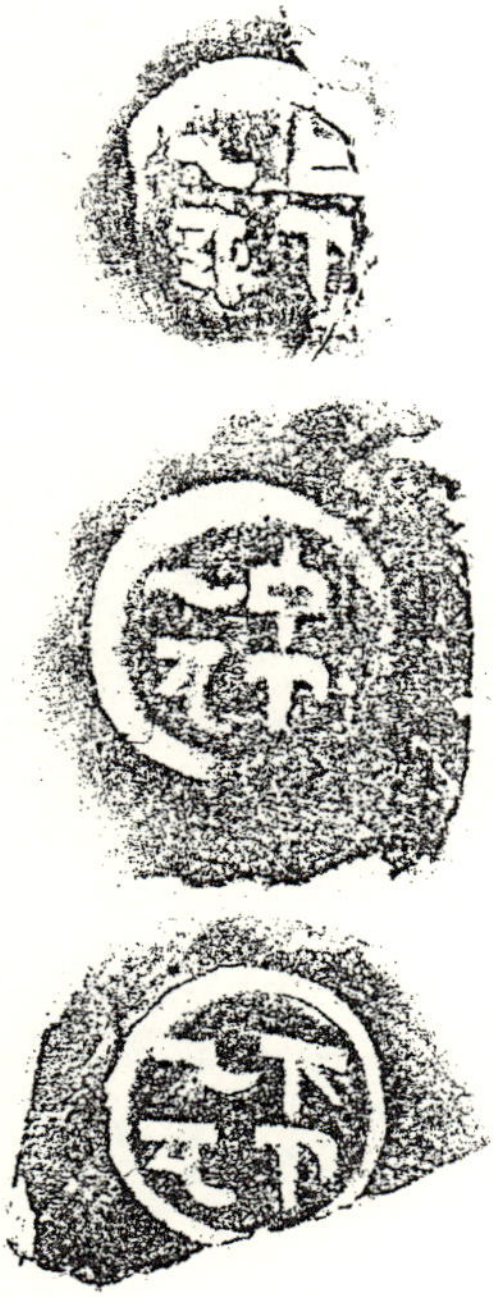

図1－8　百済瓦刻印

でないが、用例中には朝鮮や日本の「ア」に酷似する例も多い（労榦編『居延漢簡図版之部』図二五五、図三〇〇など、中央研究院歴史語言研究所、一九五七年）。「部」には「統べる」「取締る」などの意があることを考慮すると、これが「部」の省文であることも想定できないではない。今後の検討課題とすべきであろう。

第五字は「今」と確定してよいであろう。「令」説もあるようであるが、古い用例では「令」の最終画はやや長く垂直に引かれている。

第六字は「河」とみる説がある。隷書では「可」の第一画を短く止める場合があり、第二画の末は左へ曲げられるのが普通である（礼器碑の「河」など）。もし象嵌の脱落がさほどでないなら、この字を「河」と読んでよさそうである。ただ竜門石窟蓮華洞の造像銘中には「司」の別体として「可」がみえるので（水野清一・長広敏雄『竜門石窟の研究』三九八号、座右宝刊行会、一九四一年）、その線からの検討も必要ではなかろうか。

その他にも議論を呼んでいる文字はあるが、いずれにせよこの銘文は、文意も定かでなく、内容的に年代等の決め手となるものはないといってよい。また考古学的な所見から、この大刀の製作年代や埋納年代を考察するにも、現状では多大の困難があるようである。その点注目すべきは、上に指摘した書風上の特色であろう。すでに「利」の禾偏の書風については、熊本県江田船山古墳出土の銀象嵌大刀銘にみえる禾偏と比較して、その類似も言われている。船山古墳大刀銘の禾偏の字は、従来

「加」と読まれてきたが、亀井正道氏の調査（「船山古墳と銀象嵌大刀」『MUSEUM』三四〇号、一九七九年）によって「利」の可能性が強いとされた字である。双方とも禾偏の第三画の末端が、左へ曲がる点に共通点が認められる。このような筆法は、肉筆では居延漢簡などにもみられ（『居延漢簡図版之部』図二二、一四九－三五）（図1－11）、必ずしも両銘の間に特別な関係があるとはいえない。しかし書風全体としてみれば、隷書の特徴を混えた五世紀ごろの金石文と類似点があることは確かであろう。

ただこの銘文を、五世紀後半ごろとみられる船山古墳や埼玉稲荷山古墳の大刀銘と比べると、それらに特徴的な丸味を帯びた筆画は見出せない。五世紀または六世紀初めのものといわれる隅田《すだ》八幡宮画像鏡銘と比べても同様なことがいえる。この銘文の年代を簡単に五世紀代にまでさかのぼらせることは問題であろう。先に隷書風とした「利」の旁の書き方も、書風に硬軟の差はあるが、聖徳太子の筆と伝える『法華義疏』に多くの類例がみつかる。従ってこの銘の年代としては、副葬品等から言われている六世紀後半を中心に、七世紀前半までを考えておくのが妥当のように思われる。

図1－11　居延漢簡「私」

最後に、この銘文の古代史上における意義について簡単にふれておこう。もともとこの銘文が大きくとりあげられたのは、銘文中に「各田部臣」の氏姓がみえ、それが大和朝廷の統治組織である部民制や氏姓《うじかばね》制の成立時期と施行範囲を確かめる重要史料と考えられたためであろう。現在それらの成立時期については、五世紀後半・六世紀・七世紀と、諸説が対立している。しかし銘文の年代や製作地を確定できない今日、この銘文が問題解決の決定的資料とならないことはいうまでもない。また氏姓制に限っていえば、在来の史料を再検討することによって、すでに七世紀代には存在した可能性が強いということもある(拙稿「法隆寺金堂四天王光背銘の「片文皮臣」」、『日本古代金石文の研究』岩波書店、二〇〇四年、及び本書一一三頁)。この銘文を史料として生かすことは、むしろ今後の総合的研究にまたねばならないといえそうである。

この鉄刀については、その後島根県教育委員会から『出雲岡田山古墳』(一九八七年)が刊行されており、銘文も現在では研ぎ出して、見えるようになっている。

4　法隆寺釈迦三尊台座の墨書

周知のように法隆寺の金堂には、中央に止利仏師作の金銅製釈迦三尊が安置されている。この三尊の台座は木製で二段に分かれるが、上段の台座の内側、向かって右側面から、一九八九年に次の十二字の墨書が発見されたのである(図1－12)。

相見兮陵面楽識心陵了時者

釈迦三尊は、その光背の銘文から、聖徳太子の没後、太子の往生を願って推古天皇三十年(六二二)ごろに作られたと考えられている。台座も同時の製作とみるべきだろうから、この墨の文字もそのこ

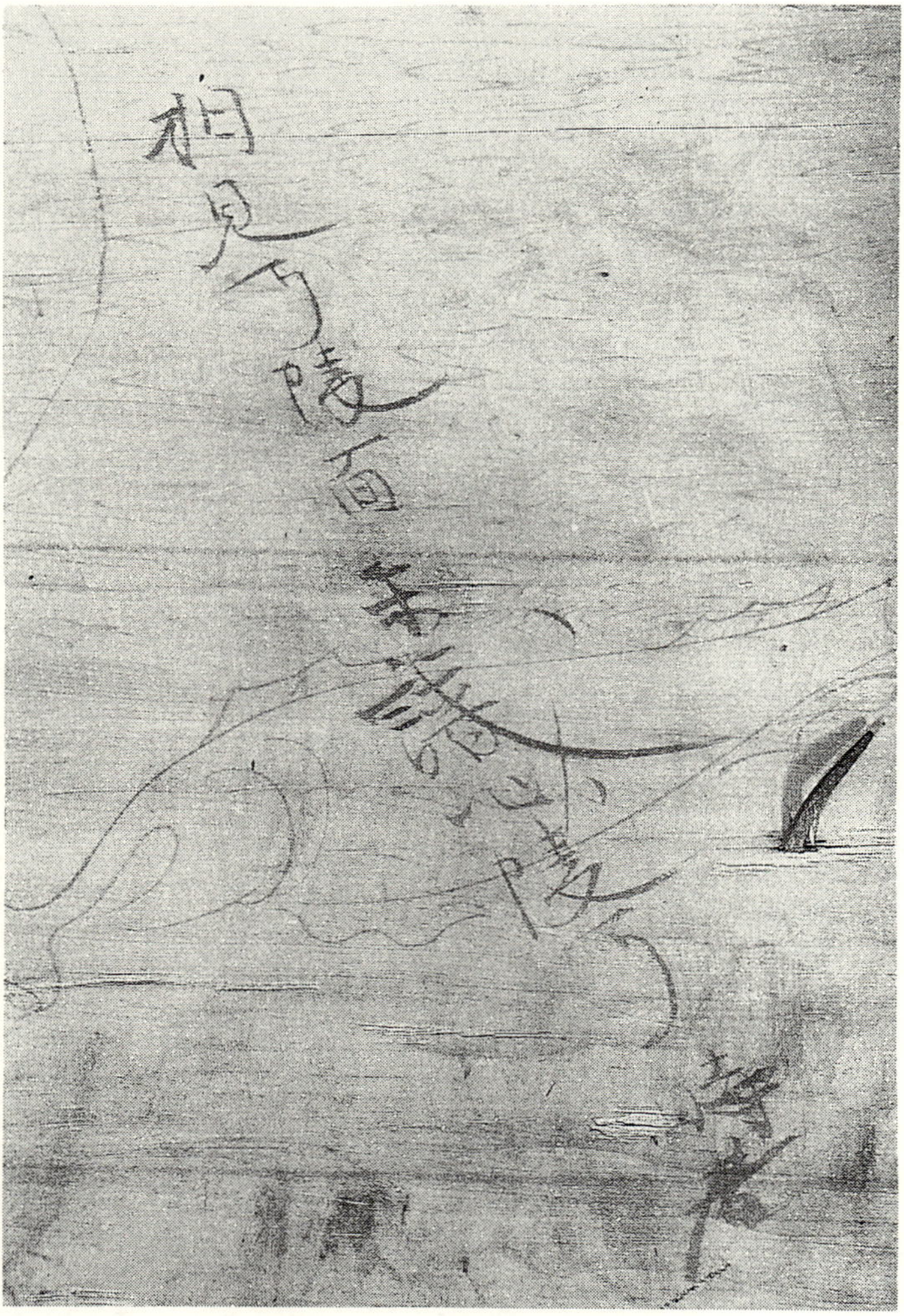

図1－12　法隆寺釈迦三尊台座墨書

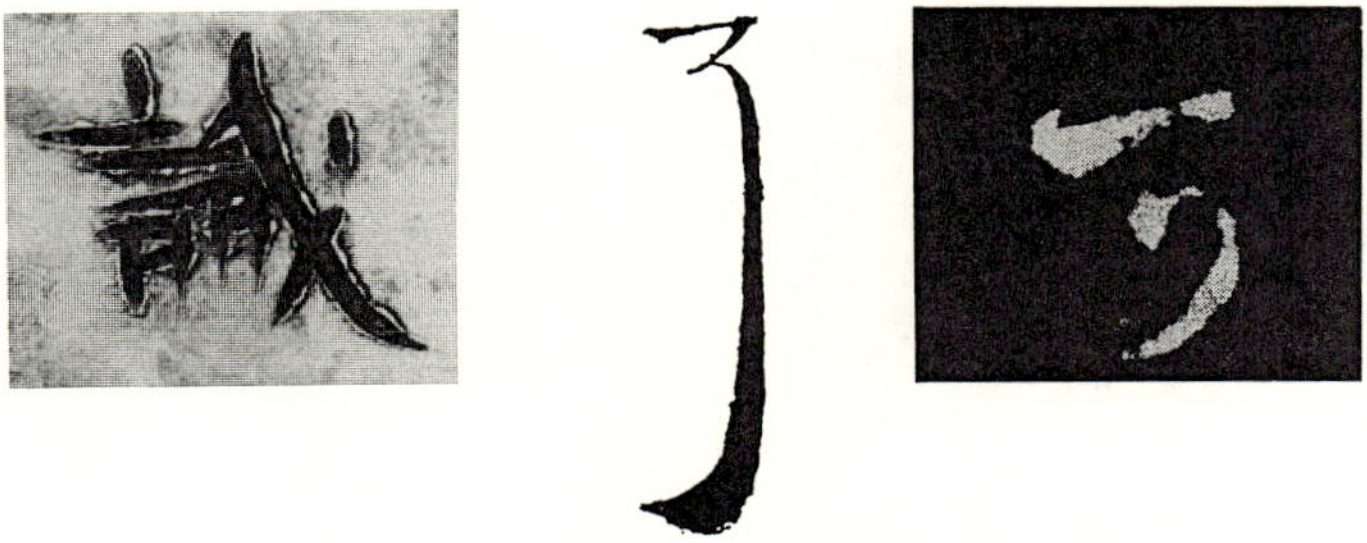

図1－13　野中寺弥勒像台座銘「識」(左)，居延漢簡「可」(中)，王羲之の昨得期書帖「可」(右)

ろのものである可能性が強い。おそらく発表どおり、台座の製作途中に書かれたと判断してよいだろう（法隆寺資財帳編纂所『伊珂留我――法隆寺昭和資財帳調査概報』12、一九九〇年）。

墨書は七世紀という時代にふさわしく、みごとな六朝風の書で書かれている。あとで述べるように、この墨書は落書的なものと考えられるが、その暢達した筆遣いは、筆者が文字に慣れた人物だったことを物語るであろう。この墨書によく似た書風を示す例として、まず挙げられるのは聖徳太子筆と伝える『法華義疏』であるが、丙寅年（六六六）の年紀をもつ野中寺弥勒像の台座銘も見逃せない。この銘はいわゆる金石文の一つで、タガネで刻入されているが、その字形は六朝風の書を極めて忠実に再現している。詳細はかつて述べたことがあるので、ここでは省略し（拙稿「銘文について」飛鳥資料館『飛鳥・白鳳の在銘金銅仏』一九七七年、参照）、類似点ということで「識」の字をあげておこう（図1－13左）。双方に共通する著しく左傾した形は、単なる筆癖ではない。隷書的な結体をなお残す六朝の書風が、ここに影を落としているとみるべきである。

墨書の十二文字は、調査を担当された国語学者の稲岡耕二氏によって「陵面に相見《まみ》えよ。識心陵了を楽《ねが》う時は」(死者の心を陵に鎮めようと願う時は、陵と対面しなさい)と読まれている。そこから「陵」が何をさすのか、その被葬者は誰か、といった議論がわきおこったことは、まだ耳新しい。

しかし右の稲岡案が唯一の読みかといえば、それには疑問を感じた人も多いのではないだろうか。まず釈読であるが、三字目の「兮」は「可」とみるのが妥当と思われる。上に「八」のない「兮」は、よほど特殊な形であって、実例は稀である。それに対して「可」をこのように書くことは、漢簡をはじめ例が多い(図1-13中・右)。おそらく調査者としても、「可」では文章にならないから、「可」の可能性は承知の上で「兮」と判断されたのだろう。ただ「兮」は普通句末や文末に置かれる字であり、「陵面に相見えよ」という読みは、その点いかにも苦しい。どう読めるかはひとまず措き、字形から「可」とみておきたいと思う。なお第三字と第十字は形がよく似ており、同じ文字と解するのが自然だろう。「可」を第十字のように書く例も珍しくない。

釈読でもう一つ問題になるのは、第六字目の「楽」である。この字は確かに「楽」の草体に似ている。しかし他の文字がそれほど崩されていないのに、この字に限って草体というのは、どうも落ちつかない。仏典の疏などでは、古くから独草体の字を混えることがあるが、草体が混じる割合はもっと高いはずである。この場合、字形によって素朴に「未」と釈読するのがよいのではあるまいか。「楽」

という読みは、下に続く二字を仏教用語の「識心」と考え、それにこだわったために出てきた釈読のように思われる。

この墨書に関しては、文章としてどう解釈するかを議論する前に、是非ともおさえておくべきことがある。墨書の書かれている位置や書かれ方を、どのように見るかという点である。稲岡案では、墨書は誰かに読まれることを意図した文章ということになるが、台座の内側はいったん組み上げられてしまうと、人目に触れることはない。仏像の台座の内面や裏面などに、よく工人などの落書がそのままになっているのは、そのせいである。同じ法隆寺金堂の薬師像台座にも、符牒や落書の文字、墨書きの画がみつかっているし、唐招提寺金堂の梵天・帝釈天像台座の場合も有名である。だから人に読ませるための文章が、こうした場所に書かれることは、まずないとみた方がよい。しかも墨書は、方形の板材に規制されず、左から右へ斜行する形で書かれている。どの時代でも、人は真面目なことを書くのに、天地の方向を無視したりはしないものである。墨書の行がきちんと通っていないことや、墨書が簡略な墨がきの画に重なって書かれていることも考え合わせると、この墨書はやはり落書と考えるのがよいのではなかろうか。

誰にもすぐわかる例を除けば、落書の意味を考えるのは至難のわざである。この墨書についても名案があるわけではないが、三個所程度の墨つぎがあることは注意されてよい。最初の五字、次の五字、終わりの二字という句切りが認められそうである。最後の二字は行の中心もずれていて、かなり粗雑な書きぶりであり、その上の「陵可」も、三・四字目の「可陵」をくり返したものではなかろうか。いずれも落書にはよくあることである。こう見てくると確かなのは前半だけかと思われなくもない。強いて読めば、詩句風に「相見る可陵の面、未だ識らず心……」とでもなろうか。

同様な五字句の落書として想起されるのは、東大寺法華堂天蓋の「昨夜嬞娘茵、夜短未尽惜」云々である(『寧楽』14号、一九三一年)。明治の修理のとき発見されたもので、年代は鎌倉ごろといわれるが、見取図が伝わるだけで確認のすべがない。しかし「嬞娘」というような用字は、中世というよりも古代的である。現物は他の字も重なって読みづらい落書のようであるから、もっと古く奈良時代あたりまでさかのぼる可能性を考えてもよいであろう。こちらの方は「娘と寝足りなかった」という、およそ仏堂にふさわしくない内容だが、法隆寺の墨書は果たしてどうであろうか。たとえば仏典には、美声で人の言葉をしゃべる瑞鳥、「迦陵頻伽《かりょうびんが》」が盛んに登場する。その「迦陵」は美しいという意味だが(玄応『一切経音義』)、これには「歌羅」などと違う当て字も使われた。墨書の「可陵」が「迦陵」なら、「可陵面」は「美しい顔」を暗示した表現ということになるかも知れない。飛鳥人のかけた謎はなかなか厄介である。

5　江田船山古墳出土の大刀銘

日本の金石文は数が限られているだけに、古くから研究されているものが少なくない。現在東京国立博物館の所蔵になっている熊本県出土の大刀銘などもその一つである。この銘文がある刀は、明治の初め江田船山古墳（熊本県玉名郡菊水町）から出土した。刀の棟《みね》に銀で文字が象嵌してあり、刃の根本に近い方の両面には、やはり銀象嵌で馬や鳥、魚などの文様もあらわされている。

この大刀銘の研究は、明治二十年代に始まった。以来現在まで、さまざまな解読案が出されたが、いまもって誰もが納得する読み方はない。それは一つには、この銘文が銀の酸化によって極めて読みにくくなっていたためといえる。展示ケースのガラス越しに見るくらいでは、文字があることさえ気づかないほどで、とても文字の精密な読みとりは不可能だったのである。いきおい、研究は限られた学者の調査結果や写真による他なかった。

しかし解読案が分かれたのは、そのためだけではない。この銘文の解釈が、古代の日本と朝鮮の関係を考える上に大きな意味をもっていたことも作用している。とくに銘文中に出てくる大王の名をどう読みとるかは、解読のもっとも重要なポイントだが、この大王を日本の王とみるか、朝鮮の王ととるかで決定的な対立がある。

このうち最初の方の問題は、近年解決された。酸化した銀が除かれ、象嵌の文字が輝きをとりもどしたのである（図1－14）。こんどは二度と錆びないよう、コーティングが施され、空調機構付きのケースに収められた。博物館では、すでにこの形で公開されているので、目にした人もあるはずである。

このクリーニングは、当然第二の難問にも影響を与えずにおかない。博物館では、この機会に文字や文様の精密な調査をやっておこうということになり、私も客員研究員ということで、それに参加させていただいた。文字については、実体顕微鏡で詳しくみるという調査である。調べてみて実感したのは、これまでの議論の中で、出るべき論点は出つくしているということだった。研究者の間では、実物を見ることが重視されるあまり、何によらず史料の原物に当たらなければ、しっかりした研究ができないように考える風潮もないではない。しかし実際には、そこそこの写真図版があれば、原物がもつ情報量の八、九割はつかめる、というのが、これまでの経験をふまえた私の印象である。この大刀銘の場合も、まさにそうだった。問題は物の側にあるのではなくて、当然のことながら、物を見る

図1－14　江田船山古墳大刀銘

我々の方にあったのだといえる。ただ従来の解読案からどれかを選び取る場合、実物の調査が大きく役立つことはいうまでもない。では実際どう読めるのか。

これまで最も一般的といえる読みは、次のようなものである。

治天下獲□□□（加多支カ）鹵大王世、奉事典曹人、名无利弖、八月中、用大錡釜、并四尺廷刀、八十練、六十捃、三寸上好□刀、服此刀者長寿、子孫注々、得三恩也、不失其所統、作刀者、名伊太□、書者張安也

天の下治《し》ろしめす獲□□□鹵大王の世、奉事典曹人、名は无利弖、八月中、大錡釜と并せて四尺廷刀とを用い、八十たび練り、六十たび捃じたる三寸上好の□刀なり。此の刀を服する者は長寿、子孫注々、三恩を得る也。其の統ぶる所を失わざらん。刀を作れる者の名は伊太□、書せる者は張安也。

特に論の分かれる冒頭部についてみると、「治天下」の三字を疑わしいとする説は根強く、大王の名も百済の蓋鹵王など、朝鮮の王名と考える説も明治時代からある。「獲□□□鹵」というのは、埼玉稲荷山古墳の鉄剣銘（本書第五章）に出てくる「獲加多支鹵大王」を念頭に置いた読みだが、獲加多

支鹵大王は、いわゆる雄略天皇と考えられ、そうなると蓋鹵王ともほぼ同時代になるのだから、話は複雑である。しかしこのような対立の背景には、大刀銘の王を日本の大王にしたい、あるいは逆に朝鮮の王にしたい、という意識があるように感じられてならない。私の思いすごしかも知れないが、朝鮮史関係のことがらには、同様な傾向が見えかくれする。成心を抜きにして、文字がどうなっているのかが、まず問われるべきだろう。

そういう目で見ると、まず第一字は「治」ではなさそうである。三水を容れる余地がほとんどないといってよい。しかし次の二文字は、象嵌の銀が抜け落ちた所はあるものの、「天下」と読める。「天」や「下」の最終画が、文字の中心から離れているが、これは「大」「尺」などにも見える特徴で、異とするまでもない。では一字目はどうなるのかといえば、象嵌跡らしい凹みも考慮に入れると、図1－15のような字形が想定できる。これは中国漢代の木簡に現れる「治」の旁とよく似ている（図1－16）。文字を入れるスペースの限られた銅鏡の銘などでは、文字の偏を省くことも珍しくなく、「治」を「台」と略した例もあるという。この大刀銘も先端は棟の幅が狭く、こういう省画が行なわれてもおかしくない。「天下」と組み合わせれば、これはやはり「治」と読むべきだろう。「獲」も異論がある字だが、これは画数の足りないこの形の異体字が存在する。「鹵」も、図1－17のような字を参考にすれば、「鹵」で間違いないだろう。図1－17は「鹹」の異体字である。「鹵」の字で問題なのは、「西」の古字（周以前の古い漢字）によく似ていることだが、全体としてこの銘文は隷書の影響

図１－15　江田船山古墳大刀銘「台」

図１－16　居延漢簡「治」

図１－17　新撰字鏡「䑶」

を残した楷書で書かれていて、これほど古い字形がまぎれ込むことはまず考えられない。使われる字形や書風には、その時代なりの統一された様式があるものである。

結局冒頭部は通行の読みでいいという新味のないことになった。参考までに釈読の私案を掲げれば左のようになる（括弧内は推定される字、〔　〕内は置き換わるべき字）。

台〔治〕天下獲□□□鹵大王世、奉事典曹人、名无□（利カ）弖、八月中、用大鉄釜、并四尺廷刀、八十練、□（九カ）十振、三寸〔才〕上好□（刊カ）刀、服此刀者、長寿、子孫洋々、得□（王カ）恩也、不失其所統、作刀者、名伊太□（和カ）、書者張安也

しかし問題はむしろこれからである。「獲□□□鹵」は「獲加多支鹵」でよいと考えるが、「獲加多支鹵大王の世」というような表現が、大王の治世中にされるものかどうか、すでに没した王の時代をふりかえって書いた表現ではないか。「奉事典曹人」は、「典曹人」という職があったようにいわれることが多いが、そうではなく典曹という役所(役職)に「奉事せし人」と読むべきではないのか、など新たな疑問がいろいろ浮かんでくる。いまのところ私は、この銘文を次のように読み下してみてはどうかと思う。

天の下治《し》らしめしし獲□□□《加多支カ》鹵大王の世、典曹に奉事せし人、名は无利弖、八月中、大鉄釜を用い、四尺の廷刀を并わす。八十練、九十振、三寸〔才〕上好の刊刀なり。此の刀を服する者は、長寿にして子孫洋々、王の恩を得る也。其の統ぶる所を失わず。刀を作る者、名は伊太和、書する者は張安也。

しかしこの銘文から歴史を読みとる仕事は、まだ始まったばかりといわなければならない。

この調査と銘文については、東京国立博物館編『江田船山古墳出土　国宝　銀象嵌銘大刀』(吉川弘文館、一九八三年)及び拙著『日本古代金石文の研究』(岩波書店、二〇〇四年)第二部第二章を参照していただきたい。

6　行方不明の在銘金銅仏

日本の古代金石文は、仏像の銘文と墓誌、それに刀剣銘他が若干といったところで、全部あわせても大した数にはならない。「もの」の性質からいえば、発掘調査が盛んになったからといって、そう大量に新発見は期待できないので、これからもこの傾向に大きな変化はないだろう。古代金石文は、その一点一点、一字一字が極めて貴重な意味をもっているといえる。

そうした中で問題になるのは、存在がはっきりしていながら、いま所在のわからなくなっている金石文である。しかも遠い昔ではなく、戦前には確かにあったのに、行方不明のものがあるのは惜しい。たとえば図1－18の銘文がその好例である。これは仏像の台座の円形框を拓本にとったとおぼしく、左のような文章が読みとれる。

図1－18　村山竜平氏旧蔵観音立像銘(拓影)

大部寸主児、中知、名六子、母分誓願敬造像

書風といい用語といい、一見して七世紀後半という時代を感じさせる銘である。もしこの銘文が本物ならば、新たに日本で十二番目の古代造像銘をつけ加えることになる。ところがこの銘をもつ仏像は、戦前、朝日新聞の村山竜平氏のもとにあったことがわかるだけで、所在を佚している。昭和三十年代に、この拓本を学界に紹介された竹内理三氏も、結局のところ真偽について明確な結論は下されなかった(「奈良朝金石文余滴」『日本歴史』一七〇号、一九六二年)。

しかしそうなると、本体の仏像がどんなものか知りたくなるのが人情である。昭和五十一年、飛鳥資料館で飛鳥・白鳳時代の在銘仏ばかりを集めて展覧会が行なわれたとき、当時館員だった私はその企画に参画したが、実物の所在はやはりつかめなかった。かろうじて戦前に像を見ておられた福山敏男氏のお教えで、金銅製の観音像だとわかった程度である。この展覧会のときは、カタログに拓本を入れただけに終わった(飛鳥資料館『飛鳥・白鳳の在銘金銅仏』一九七七年)。

ところがそれから十年以上もたって、ふとしたことからその像の姿を知る機会がやってきた。昭和天皇の御大典を記念して、昭和三年に開かれた天平文化展にこの像が出品されており、そのとき撮影された写真が残っていたのである。それは『天平文化展大観』(2)(飛鳥園刊行)に出ている。仏像写真家の草分けとして有名な飛鳥園の小川晴暘が撮り、その紙焼きを貼り込んで売り出した本である。いまその中から一カットを掲げておこう(図1-19)。

小金銅仏の愛好家なら、この顔はどこかで見覚えがあると思われるかも知れない。それもそのはず、南河内の野中寺にある弥勒菩薩半跏像の表情とよく似ている。野中寺像には丙寅年(六六六)の造像銘があり、七世紀後半の基準作として極めて有名である。さらに野中寺像ほど一般的でないが、専門家の間ではよく知られた金銅仏として、やはり南河内の金剛寺に蔵せられる観音の立像がある(図1-20)。この像は顔付きはもちろん、姿勢などまでそっくりといっていいほどである(東京国立博物館編『金銅仏』一九八八年参照)。銘文のある像の方が、装身具や衣服のひだなどがやや複雑といえようか。ちなみに一連の写真によると、銘文は台座框の背面に、向かって右から左回りに刻まれていたことがわかる。

こうして像は白鳳風の金銅仏と判明したわけだが、これは銘文の特徴ともよく合致している。銘文もまったく白鳳的で、とくに野中寺像の銘に酷似しているといってよい。「誓願」「像」などの字は、野中寺の銘文にも出てくるが、気分的に共通するものがあり、双方とも六朝風のやわらかな書風である。像の作風と銘文の書風がここまで一致すれば、これは本物かと考えたくなってくる。

図 1 − 20　金剛寺観音立像

図 1 − 19　村山竜平氏旧蔵観音立像

私はこの写真を見つけた直後、一、二の彫刻史家の判断を聞いてみた。しかしその人たちの判断は、いずれも慎重だった。金銅仏の贋物には大変巧妙に作られたものがあり、時代的な特徴が出ていればいたで、かえって危ない場合もある、贋作者はそれくらいの勉強をしていて当たり前、というわけである。こうした場合、決め手は像をさかさまにして、底から見てみることらしい。像底には大てい穴があいていて、内部が見えるのだが、それによって製作技法がはっきりし、贋物なら尻尾が出てくるのである。そのため金銅仏に関する最近の研究書には、像底の写真を入れてあることが少なくない。

しかし残念ながら、この像の像底写真は残されていない。たとえあっても、やはり実物について見なければ、というのが本当のところだろう。ただ私には、まだあきらめきれないものが残っている。というのは、単に書風がそれらしいだけでなく、さきにもふれたとおり銘文の中味に捨てがたいところを感じるからである。この銘文を読み下すと、「大部《おおともの》寸主《すぐり》の児、中知《なかち》、名は六子《むつこ》、母の分に誓願して敬《つつし》みて造る像」となるが、オオトモ（大友）姓を「大部」と書くのは、よほどの学がないと思いつくことではない。カバネの村主を「寸主」と略記するのも、法にかなっている。竹内理三氏は「六子」という名を女性と解して、その新しさに不安を示されたが、これは男性の通称とみることもできるだろう。そう考えると「中知」が本名になるが、これについては、車持仲智（東南院文書）とか中知麻呂（『日本霊異記』）といった、男性の実例がある。「誰それの分に」というのも、七世紀の金石文にみかける表現である。

むしろ強いて気になる点をあげれば、年紀もなくやや尻切れとんぼの文体だろうか。しかしこれとても、近年法隆寺献納宝物の古裂中から見つかった幡の銘に、「……己布知刀自の小児、命過ぎにし為、敬みて造る幡」という、そっくりの文例が出てきた。上端は欠けているが、下っても八世紀初頭のもので、これと一連の幡銘には、無年紀のものも珍しくない。

はたしてこの金銅仏は戦火で失われたのだろうか。海外あたりから現存の報が届くことに期待したい。

追記

ここで取り上げた金銅仏は、村山家に今も所蔵されていることが、二〇〇九年に判明した。詳細な検討は今後の課題であるが、銘文についての私見は拙稿「古代在銘仏二題――村山家の観音像と野中寺弥勒像」(稲岡耕二監修『万葉集研究』三一集、塙書房、二〇一〇年一二月)に述べたので、併せて参照下されば幸いである。

7　竜首水瓶の墨書

古代の文字を読む、などといえば、勘と経験だけが頼りということになりそうであるが、近年はここにも新しい機器が進出している。薄れた文字を赤外線テレビカメラで撮り、テレビ画面に映して見る。金石文なら歯科医療用の接写カメラで拡大写真を作る、それでも足りなければ顕微鏡写真を撮る、などである。ただし刻み方とか象嵌の技法が問題になる金石文は別にして、ふつうの文字の解読にいちばん有効なのは、赤外線テレビカメラであろう。

文字を読むのに赤外線を利用するのは今に始まったことではない。赤外線写真などは従来から行なわれてきた。しかし赤外線フィルムを使って撮影するのに比べると、テレビでは画面を見ながら赤外線の当たる場所や照射量を加減することができる。こうした赤外線テレビの利点は、器など紙以外のものに字があるとき、特に生きてくる。赤外線テレビは、いまや木簡をはじめ古代文字資料の解読に無くてはならないものといえよう。こういう方法を用いることによって、最近、東京国立博物館（法隆寺宝物館）にある竜首水瓶（図1－21）についても新しい事実が判明した。

竜首水瓶というのは、頸部が竜頭型に作られた水さしで、明治初年まで法隆寺に伝来した品である。このような形の水さしは西方に起源があり、古代には「胡瓶」と呼ばれた。胡瓶の名にふさわしく、胴部にはペガサスの姿がデザインされており、これは旧四十一円葉書（縦罫）の意匠にも採りいれられていた。この水瓶は、古代の東西文化の交流を物語る代表的遺品といってよいが、この作品にはもう一つ注目すべき点がある。それは同じ胴部に、奈良時代に書かれたとみられる墨書銘があることである。その銘は左のように読まれてきた。

比曾丈六貢高一尺六寸

「比曾」は、奈良県の吉野にある比蘇寺（現光寺）のことで、その比蘇寺の丈六仏像に貢上されたのがこの水瓶というわけである。一尺六寸という高さは、大体この水瓶に合致する。こういう墨書銘があるということは、この水瓶がもともと法隆寺にあったものではなく、いつの時代かに比蘇寺から法隆寺に移されたのだということになる。

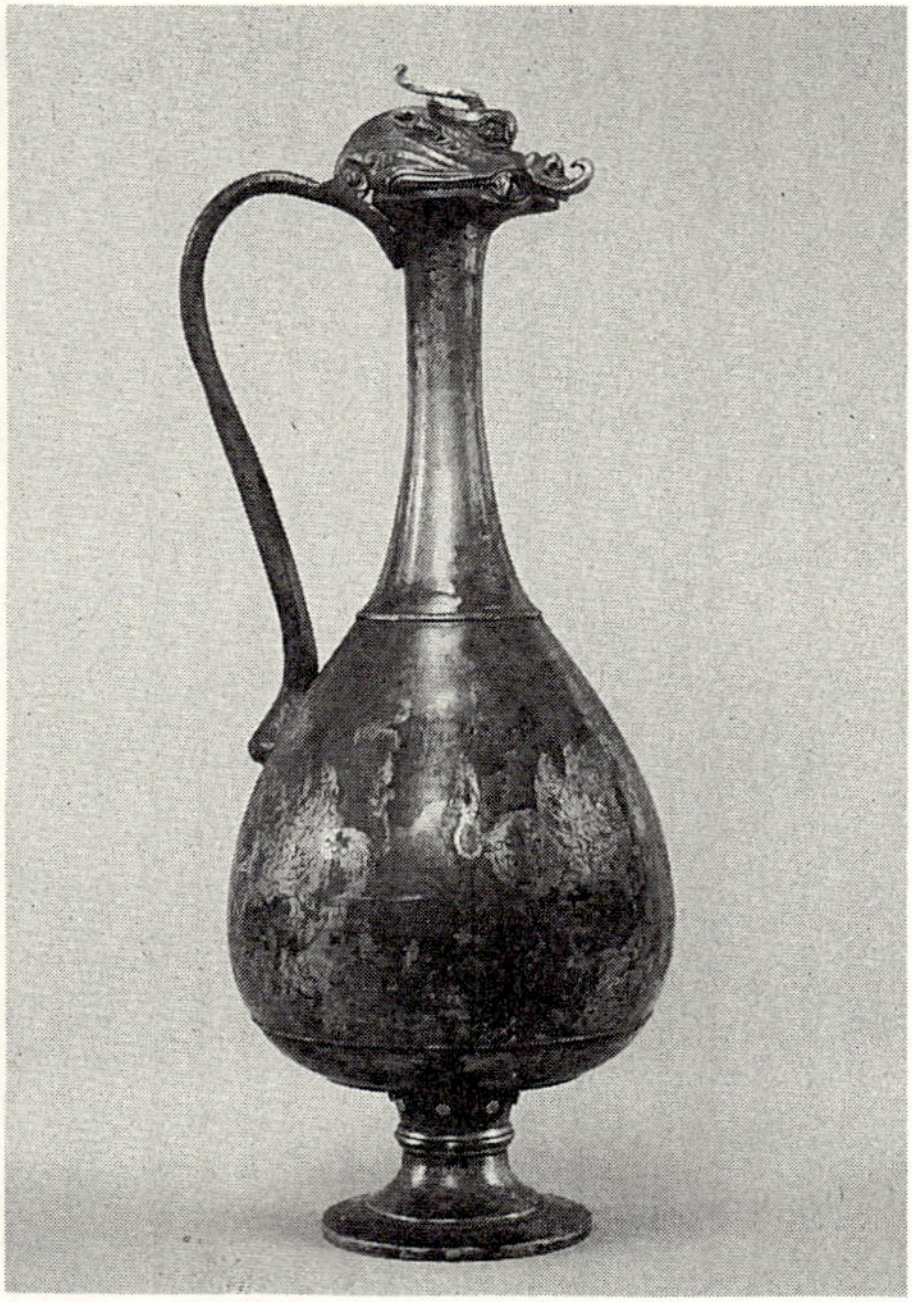

図 1－21　竜首水瓶（東京国立博物館蔵）

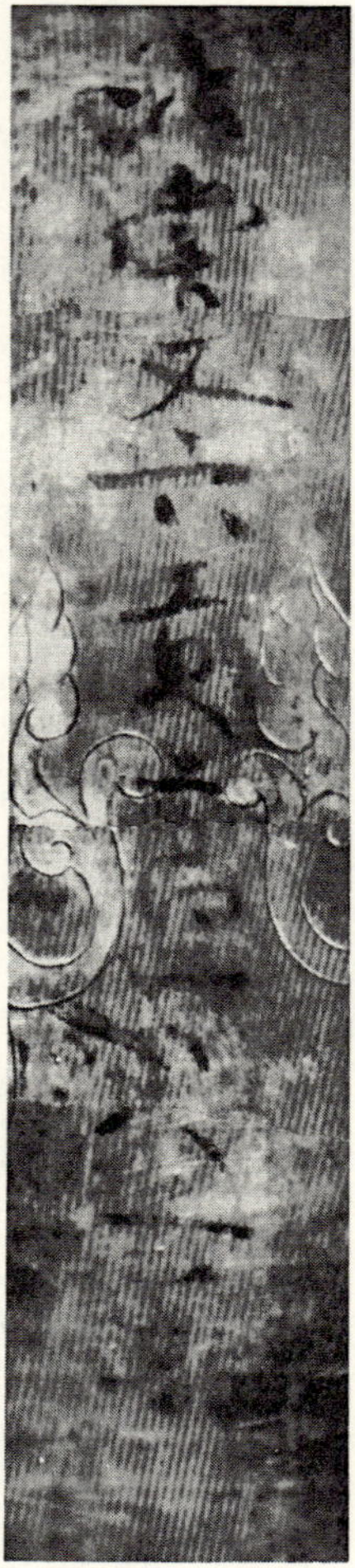

図 1－22　竜首水瓶墨書
（赤外線テレビカメラ
による）

しかしこの銘文は大変読みづらい。博物館に展示されている実物をみても、よほどの専門家でない限り、どこに墨書があるか、その存在さえわからないというのが実情であろう。墨書がちょうど水瓶の膨らんだ個所にあるため、長い間の手ずれなどで消えかかっているのである。そこで博物館の方々と、この墨書を調べ直そうということになり、まず赤外線テレビにかけてみた。うかんできたのが図のような文字である(図1－22)。

これでは肝心の「比曽」が「比曽」とは読めない。一字目は明らかに「北」であるし、二字目は「堂」と読めそうである。奈良時代の文書などでは、「土」の字を書く場合、最後に点を打って「圡」と書くことが多い。この「堂」も点を打った「土」を書いているので、こんな形になっているのである。なお「六寸」の下にも文字はないようだった。

そうなるとこれまで定説になっていた比蘇寺説は根拠がなくなったことになる。比蘇寺は聖徳太子に縁故のある寺なので、寺が衰えるとその宝物が法隆寺に移ったのだといわれていたのであるが、それは怪しくなった。元来比蘇寺から移されたという説には、墨書銘以外に証拠があったわけではない。むしろこの水瓶は、ずっと法隆寺に伝わったとみる方が自然であろう。

では銘文に出てくる「北堂」というのは、法隆寺のどの堂をさすのであろうか。法隆寺の古い記録をみても「北堂」という名称の堂は出てこない。しかしそう呼ばれてもおかしくない堂が少なくとも二つある。一つは現在の講堂に当たる建物、もう一つはそのさらに北にある上御堂《かみのみどう》に相当する建物である。この二つは記録上混同されたこともあり、どちらも創建年代に不明のところもあるが、私はこの二つのうち今の講堂の前身建物が、古代に北堂と呼ばれた可能性が強いと考えている。この堂は食堂・講堂兼用の建物だったと推定され、そこに丈六の仏像が安置されていたとしておかしくないからである。そういう性格の堂であったからこそ、「北堂」というような名が付き、上御堂と混同されることも出てきたのであろう。

竜首水瓶については、関連の調査で他にも新事実が判明した。例えば材質はこれまで銀とされてきたが、蛍光X線を照射してみると、ブロンズに銀メッキ(一部金メッキ)していることがわかってきた。一見銀器のような仕上りを狙った作りである。しかも製作技法の面からは、飛鳥時代の日本製という線が強くなった。いままでは唐からの輸入品として怪しまれなかったのである。この水瓶の場合に限らず、新しい機器や分析方法を用いた文化財の見直しによって、これからもさまざまな新事実が現れてくることを期待したい。

竜首水瓶の調査については、『MUSEUM』四五七号(一九八九年四月)に特集がある。銘文についての詳細も同号の拙文(拙著『日本古代金石文の研究』岩波書店、二〇〇四年に再録)参照。

8　聖徳太子画像の「墨書」

古代の物に文字が書かれてあれば、物と文字は両々あいまって、豊かな事実を我々に語ってくれる。銘文のあるなしは物のもつ史料価値を大きく左右するといってよい。しかしそれだけにまた、銘文の取り扱いには慎重さが要求されることも確かであろう。

たとえば聖徳太子の肖像として、紙幣の原図にもなった、御物の唐本御影という画像がある(図1－23)。教科書の挿図などでおなじみの、あの画像である。十年近く前、当時東京大学史料編纂所長だった今枝愛真氏が、この画に墨書銘があるという説を出されたことがあった(「御物聖徳太子像の謎」『明日香風』六号、一九八三年)。

今枝氏はまず、掛軸装になっているこの画の右下、表具の絹に、墨痕らしいものがあるのに注目し

図1－23　御物聖徳太子像と右下部分(『法隆寺大鏡』58集による)

た。よく見るとそれは「川原寺」の三字らしい。この墨書がはっきりしないのは削り取られたためであろうという。今枝氏は、読み取った三字をもとに、次のような推理を展開された。即ちこの画は、もともと法隆寺のものではなく、川原寺にあったのではないか。川原寺は弘福寺ともいい、七世紀後半に建立された飛鳥の大寺院であるが、平城遷都後は、そのまま飛鳥に残った。平安時代初めには衰退しはじめていたようで、真言宗の東寺の末寺になったのも、そのせいと考えられる。このような時期に、この画像を含む寺宝の一部が法隆寺に移されたのであろう、というのが今枝氏の考えである。

今枝氏も指摘されているように、この画像が法隆寺にあったことを示す最古の文献は、十二世紀の前半にできた『七大寺巡礼私記』という書物である。そこには次のように書かれているだけで墨書銘のことはみえない。

太子俗形御影一鋪。
件御影者唐人筆跡也。不可思議也。能々可拝見。
（件の御影は唐人の筆跡なり。不可思議なり。能々《よくよく》拝見す可し）

もうこの時期には、墨書銘が削り取られていたというわけである。
そうなると、この画像は本当に聖徳太子を画いたものなのであろうか。今枝氏は一歩進んで、こういう疑問を提起している。確かに川原寺と太子とを結びつける要因は、とくに見あたらない。川原寺で太子像が描かれた可能性を全く否定はできないが、あまりありそうなことではないといえよう。今枝氏は、法隆寺に移されてから、この画像が聖徳太子に仮託されたのであり、その意味でも都合の悪い旧蔵寺名は削らねばならなかったとされている。

こう見てくると、今枝氏の着眼と推論はまことに筋の通ったもので、一分の隙もないようである。私もこの説が出たあと、東京国立博物館本館に出陳されたこの画像をみて、なるほどあれが墨書のある個所か、と眺めたことがある。しかし知り合いの館員の方たちとしばらく見ている内に、疑問がわいてきた。墨書らしいものは確かに見えるのだが、どうもそれは本当の墨ではなく、表具の一部の銀糸のように見えるのである。よく見るとこの他にも、一定の間隔でぼんやりと字のようなものが裂地の中にたどれる。

考えてみると所蔵寺院を表わす墨書が、堂々と表側に入れられるというのは不可解なことである。しかも今枝氏の説だと、この画の表具それ自身が、平安前期以前の極めて古いものということになる。もちろん絵画を掛軸にして礼拝・鑑賞することは、古くから文献にみえていて、怪しむべきことではない。かつて美術史家の野間清六氏は、古代絵画にたくさんあった掛軸や障子(ついたて)がほとんど残っていないのは、作品を損傷させやすい形式だったからだと注意されたことがある(『日本の絵画』創元社、一九五三年)。確かに現存する奈良時代仏画の大作「法華堂根本曼荼羅」(ボストン美術館蔵)なども当初は掛軸か障子になっていたと考えられており、画面の傷みを補修・補筆した個所も多い。しかしそうなると、聖徳太子像がたとえ最初から掛軸装であったとしても、もとの表具は残っていないのが普通であろう。この像の表具の形式や、一文字に使われている裂などは、誰が見ても中世以降のものというのが妥当なところではあるまいか。

こういう疑問を確認した私は、帰宅して早速『法隆寺大鏡』（東京美術学校編、一九一九年）を開いてみた。今では奈良諸大寺の文化財について、新しい完備した図録が他にないわけではない。しかし大正年間刊行の『大鏡』には、古いだけになまじ美術史的視点に偏らない、幅広い図版選択と解説がみられ、今なお捨てがたいよさがある。果たしてその『大鏡』には、表具を含めた聖徳太子像の全図が載せてあり、次のような解説があった。

其の表装は、風帯及び一文字回し（は）蜀江文様（の）金襴、上下回しは黄色綾地に寿・寧・康・福の四字を色糸にして織（り）出し（中略）、『古今目録抄』には、「京西松尾の慶政上人勝月房、久しから令めんが為の故に、御裏に絹を押し、其の時、表紙を錦に替え令め給う」（原文は漢文）とあり、裏絹は今存せざれど、寿・寧・康・福の文字を現せる織物は、或は其頃のものなるべきか、姑く疑を存す。

これは平子鐸嶺の解説(「類聚上宮太子御像解説」『聖徳』明治四十三年四月号を指すか)によったものといえうが、もうかれこれ付け加える必要はあるまい。ちなみに右下の字は「康」である。あの画が聖徳太子像という確証はもちろんないが、その伝承を疑わせる根拠も全くなくなったといってよい。今枝氏は、先の『七大寺巡礼私記』の文を「不可思議なものであって、疑問な点があるから、よくよく吟味を加えて拝見する必要がある」と解されたが、『巡礼私記』の表現を通覧すると、「不可思議」は「変わっている」「珍しい」という意味で使われている。しかも珍しさを積極的に評価している様子が読みとれ、マイナスの意味はない。平安時代の普通の太子像とは違う肖像だが、よく拝見しなさい、という意味だろう。

大正年間にくらべれば、今は銀糸の剝落も進んでいて、今枝氏の誤りはそれが引き金になったともいえよう。ともあれ「銘文」の恐さを教えてくれる事例ではある。

初出稿(出版ダイジェスト一三九三号、一九九一年九月所載)は、幸いに武田佐知子氏が『信仰の王権　聖徳太子』(中公新書、一九九三年)にとりあげて下さったが、武田氏とは少し考えを異にするところもあり、訂補を加えた。なおこの画像については、現状のカラー写真とともに『見る・読む・わかる日本の歴史』1(朝日新聞社、一九九二年)にも一文を草した。本書五四頁の挿図と比べていただくとよいが、現在の太子像の表具のうち、一文字の裂は大正期と異なっている。戦後の修理でとりかえられたものであろう。

第二章　文字を書く人々

1　発掘された則天文字

地中から出てくる古代の文字資料といえば、何といっても木簡が有名であるが、量の点では文字の書かれた土器も遜色がない。その出土地は木簡以上に多く、北海道を含めた日本全国にわたっている。あまりに量が多いので、全貌をつかむのは不可能に近いが、総点数は数万点にのぼるだろうといわれる。

土器の文字は、大きくわけて二種類ある。一つは、土器が焼かれる前、まだ軟らかいうちに刻まれた文字である。これには箆《へら》などで手書きされたものと、印で押されたものとがある。もう一つはできあがった土器に墨で書かれたものである。量的にはこちらの方が多い。ふつうこれらを箆書土器、刻書土器、あるいは墨書土器と呼んでいる。字数が限られていることは、どちらも同じだが、この二つは一応わけて考えた方がよい。簡単にいえば、焼かれる前に書かれた字は、土器の製作や貢納に関係するもの、製品になってからの墨書は、土器の使い方に関係するものといえよう。

もっともこれらの土器の呼び方については、近年異論も唱えられている。すなわち田中卓氏は、墨書・刻書土器を一括して「土器文字」と呼んでおられ、また原秀三郎氏も、古代史の立場から文字を重視すべきであるとして、「土器墨書」という名称を提唱されている(田中卓「最古の〝土器文字〟の読みについて」皇学館大学史料編纂所『史料』五七・五八合併号、一九八三年。原秀三郎「土器に書かれた文字――土器墨書」岸俊男編『日本の古代』14、中央公論社、一九八八年)。これらの主張には、確かにうなずけるところもある。しかし史料的性格ということを考慮すれば、やはり従来の呼び方が妥当だろう。いったい墨書・刻書土器は、まず第一に考古資料である。そこに記された文字も、土器そのものとの関わりなしで理解することはできない。それをよく示すのが、さきに述べた文字の記され方の違いであろう。

むろんあらかじめ用途を予定して作られる土器も少なくないだろうから、その違いは絶対ではないが、文字が墨書か箆書きかは、文字を読み解釈する場合の重要なポイントであることは間違いない。何が書かれているかを考えることは、同時にそれがいかに書かれているかを考慮することでもある。

しかも問題は、文字ばかりにあるのではない。墨書、刻書の内容は、文字以外の図形や記号などを含むことが多い。その中から文字だけに注目するのは、こういう資料のもつ可能性を狭い範囲に限定

図2-1　出雲国庁跡墨書土器「地」

図2-2　下道氏夫人墓誌「圀」

してしまう恐れもないとはいえない。たとえば近年、土器に線刻ないし墨書された記号に注目してその意味を考え、それらの記号の背景に文字を知らない人々の存在を考える研究が発表されている(山中章「古代都城の線刻土器・記号墨書土器」『古代文化』四一―一二、一九八九年)。このような視点からの研究は、今後ますます積み重ねられねばならないが、文字だけに注目していては、その進展は望めないだろう。文字・図様・記号などをひっくるめた、まさに「墨書」「刻書」として、これらの情報は分析されなければならない。

しかし木簡にくらべると、墨書土器なども量が多いわりに取り上げられることは少ない。その原因は、土器に書かれる文字が、たいてい一―二字で、まとまった情報を得にくいことにある。古代人が、いったいどんな意味をこめて記したのか、考える手がかりすらないものが大半なのである。

しかしだからといって、これらの土器に意義がないのではない。そのことは、図2-1の例をみるだけでも、わかっていただけよう。これは出雲国庁の跡から出土した坏の底にみられる則天文字の「地」である。山・水・土の三字を組み合わせた形になっている。御承知の読者も多いであろうが、則天文字というのは、唐の高宗の后であった則天武后(六二四―七〇五)が、政権を握ってのち制定した独特の文字である。全部で一七字を数えるが、武后の没後、使用が禁じられたため、中国では後代にはほとんど用いられなかった。

則天文字が武后の在世中に日本に伝わっていたことは、正倉院にある『王勃詩序』(慶雲四年、七〇七年書写)に、則天文字がみえていることからわかる。これは中国の文化への敏感な対応を示す例として有名である。しかし則天文字は、宮廷周辺で用いられただけではなかった。意外に早く国・郡のレベルまで及んだのである。その証拠としてよくひきあいに出されるのが、図2-2の墓誌である。この墓誌は、下道氏の女性を火葬した銅製骨壺に刻まれたもので、岡山県から江戸時代に出土した。この女性は吉備真備の祖母にあたり、墓誌には真備の父国勝と国依の名がみえているが、その「国」はみな則天文字の「圀」になっている。できたのは和銅元年(七〇八)であるから、『王勃詩序』と時期的に遜色はない。しかし私は、この例を特殊な場合と考える。

というのは「圀」という字が、養老の『律』(名例律、八虐条)に用いられているからである。これは日本の律が武后朝書写の唐律を範にしたためで、おそらく養老律に先行する大宝律にも使われていたのではないか。大宝律は現存しないので確認できないが、新羅などを通じて、いち早くそうした唐律の写本が伝えられ、大宝律令(七〇一年成立)の編纂に役立てられたことも十分考えられる。『律』は当時の基本法典だったから、地方豪族が早速そこにある文字を用いてもおかしくない。「圀」の字が、日本で後世まで使われたのも、案外こんなところに理由があったのかも知れない。

それにくらべると、図2-1の墨書は純粋に則天文字を地方で書いた例である。残念ながら正確な年代は明らかでないが、発掘所見から奈良時代と推定されている。なかなかの達筆といえよう。則天文字にも、「圀」のように日本で比較的実用された字が一、二ある。しかし「地」はそれに入らない。筆者は何からこの字を学んだのか。

平川南氏はこの種の文字が記される背景として、仏典の中で用いられている則天文字の影響があったと論じられている(「墨書土器とその字形」『国立歴史民俗博物館研究報告』三五集、一九九一年)。たしかにこの問題は、単に行政ルートを通じての伝播という形でばかり考えない方がよいであろう。則天文字や、それに類する文字のみを取り出していては判然としないが、目をひろげて他の特異な文字に注目してみると、そのことは明らかになると思われる。

たとえば群馬県下その他の墨書土器に、図2-3a・bのような字がある。この文字は則天文字の「天」に類似するところから、その字の崩れたものとする見方があるが、『新訳華厳経音義私記』(延

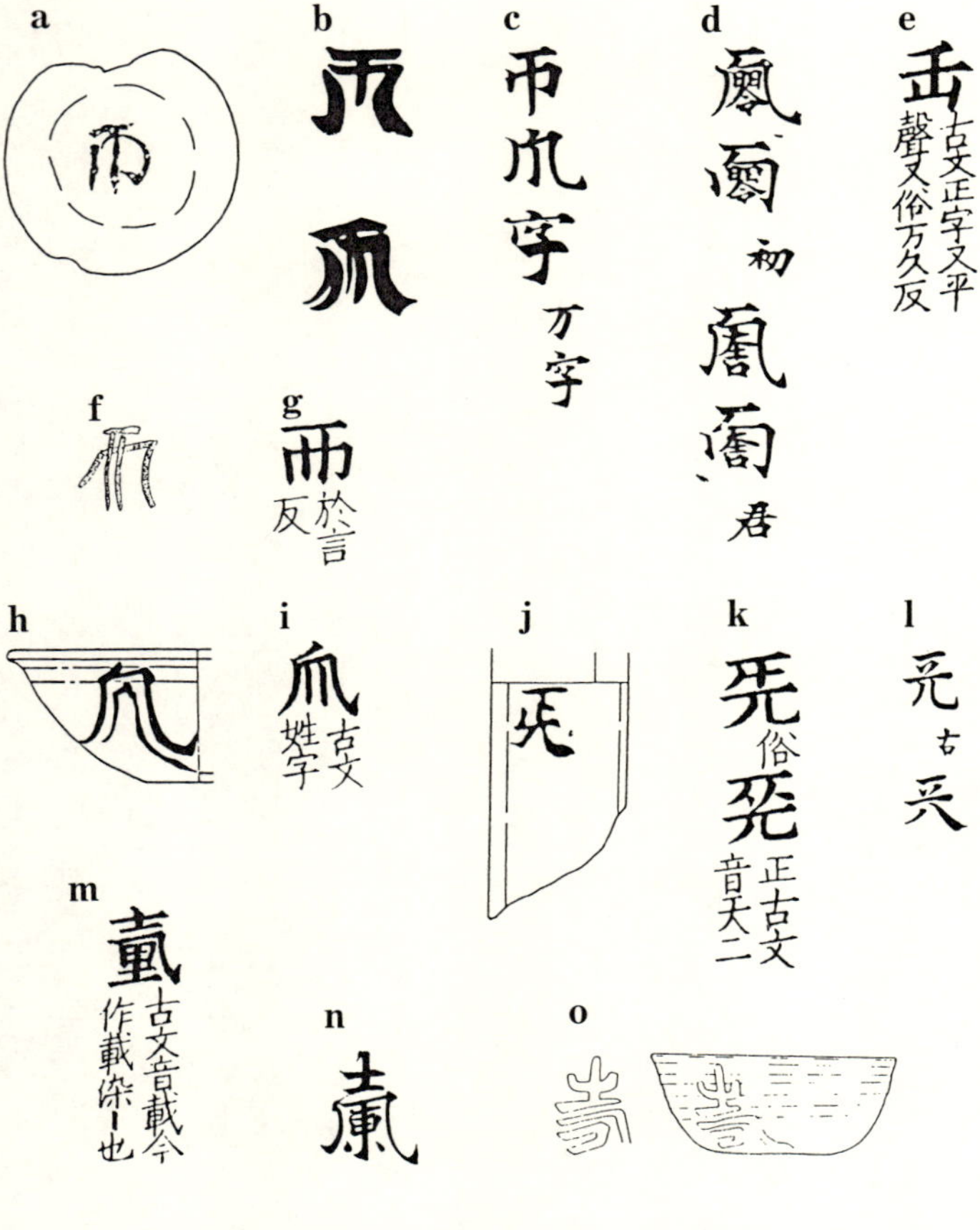

図2－3　**a**．群馬県前橋市芳賀東部団地遺跡(『群馬県出土の墨書・刻書土器集成』1，13-22)　**b**．群馬県境町上矢島遺跡(同集成1，146-13・12)　**c**．『新訳華厳経音義私記』　**d**．同上　**e**．『竜龕手鑑』雑部　**f**．山形県川西町道伝遺跡　**g**．eに同じ　**h**．山梨県高根町湯沢遺跡　**i**．eに同じ　**j**．埼玉県熊谷市北島遺跡　**k**．eに同じ　**l**．観智院本『類聚名義抄』　**m**．eに同じ　**n**．cに同じ　**o**．群馬県尾島町小角田下遺跡(同集成2，74-5)

暦年間ごろ書写、汲古書院影印、『古辞書音義集成』1、一九七八年)にみえる「万」(卍)の字であろう(図c)。同書には則天文字の「初」「君」なども載せているが(図d)、その二種の字形を参照すれば、図bの字も「万」と判断してよい。少異はあるが、同様な字形は中国遼代の字書『竜龕手鑑』(遼、行均撰)雑字の部や、日本の平安時代後期にできた『類聚名義抄』僧下(一一一丁)にもみえる。「万」は一般に墨書土器によく現れる字であり、「卍」の形も例えば群馬県下の三ッ木遺跡の墨書土器に実例がある(群馬県教育委員会『群馬県出土の墨書・刻書土器集成』1、一四八-一五)。「卍」は元来吉祥の意味をもっており、墨書されるのもうなずける。則天文字類似のこのような文字も、はじめから則天文字との関連に限定するのではなく、広い視点からみてゆく必要があるように思う。『竜龕手鑑』は、元来仏典にみえる字の字書として作られた書であるが、そこでは則天文字を載せる場合も、すべて「古文」(古体の文字)としている(図e)。墨書土器に記された則天文字も、それが則天文字であるために選ばれたというよりは、古めかしい異形の文字の一つとしてとりあげられたとみた方がよいのではなかろうか。古代には日常的に使われたことのない篆書の字が墨書土器にみえるのも

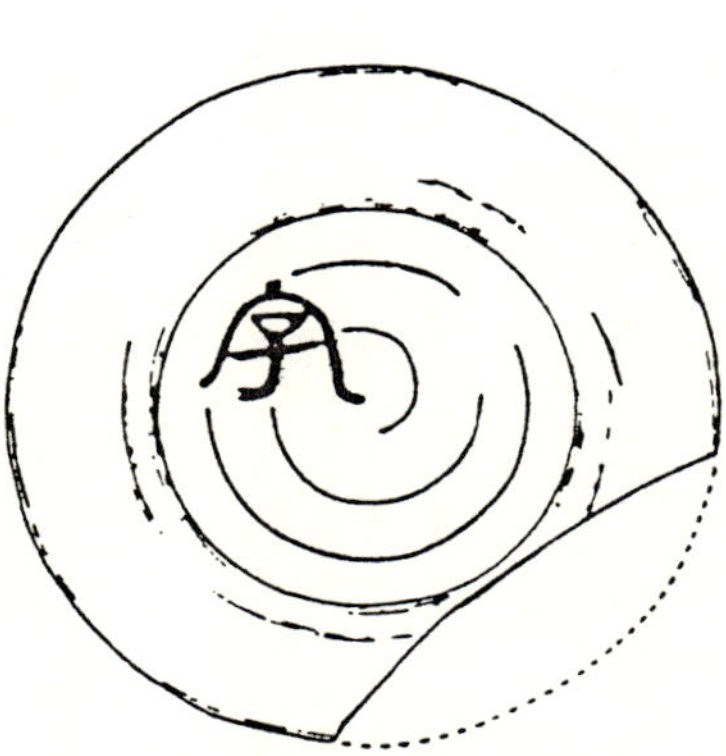

図2-4　金沢市黒田遺跡の墨書土器

（石川県金沢市黒田遺跡、図2－4）、同じような意識に基づくものと判断される。

このような観点にたつと、特殊な文字の解読には、古辞書の雑字の部に載せられた異形の字が注意されるということになる。たとえば山形県道伝遺跡（図f）や山梨県湯沢遺跡（図h）の文字なども、則天文字の可能性とともに、意味不明ながら図g・iの字との関連が検討されていいだろう。また平川氏が「正合」と読まれた「正」と「八」を上下に組み合わせたような文字（図j）も、「天」の古体（図k・l）との類似が注目されるのではなかろうか。

なお則天文字を含め、こうした異形の字をみる場合、他の文字同様、異体字が存在することが見すごされてはならない。たとえば図mは、『竜龕手鑑』（雑字）にみえる「載」であるが、恐らくこれは則天文字の「載」（図n）の別体だろう。則天文字の構えがこのような形になることがあるとすれば、群馬県小角田下遺跡の特殊な字（図o）も、同じ構えをもつとみてよい。これが則天文字風の造字かどうか、なお検討を要するが、いずれにしても全く荒唐無稽な字形でないことは、明らかであろう。

以上のようにみてくると、こうした特殊な文字は、直接には仏典に関わる音義・字書の類から参照され、一種の呪的な意味をこめて書かれている可能性が考えられる。これはこれで中央の文化の波及する一つのあり方として興味深い例であり、墨書土器ならではの史料といえるだろう。

2　最古の万葉仮名文

漢字という外来の文字を使い、日本人はいつから、どのようにして日本語を書くことができるようになったのか、これは古くて新しい課題である。いまのところ確かなのは、古墳時代には漢文が使われていて、その中に固有名詞を入れる場合だけ、漢字の音を使った音仮名が使用されていることである。ずっと下って七世紀末になると、漢字を日本語の語順どおりに並べて文章を書くだけでなく、助詞・助動詞などが音仮名で送られており（いわゆる宣命体）、漢字の訓を使う訓仮名も登場している。奈良時代には、文章全体を音仮名で書いた書状もあり、こうした仮名の用法が、のちの平仮名・片仮名文につながってゆくらしいこともよく知られている。

このような中、『万葉集』の研究者から、日本語の表記の発達について意欲的な仮説が出されている。

その詳細は、稲岡耕二氏の著書『人麻呂の表現世界』（岩波書店、一九九一年）をひもといていただきたいが、要点はこうである。

稲岡説は、まず柿本人麻呂の歌に、二種類の書き方があることから出発する。一つは漢字を並べて主に訓で読ませる書き方であり、もう一つは、それだけでなく助詞などの送り仮名も挿入した表記である。稲岡説では、この二つのスタイルをそれぞれ古体、新体と呼び、古体は日本語を書き表す場合の古いやり方、新体は新しい表記法に対応しているとみる。つまり人麻呂の活躍した天武・持統朝（六七二―六九七）ごろに、日本語の表記は、漢字を和風に並べる形から、助詞などを細かく書き加える形に変わっていった、人麻呂はそれにつれて歌の書き方を変えたのだというわけである。そうなると、漢字の音を使って「籠毛与　美籠母乳（こもよ　みこもち）」（『万葉集』巻一）と書くような表記は、歌自身雄略天皇（五世紀後半）の御製といわれていても、新体よりもさらに新しいということになる。

稲岡説は今日多くの支持者をもっていて、定説になりつつあるといってもいいだろう。人麻呂の歌の表記を手がかりに、それまであいまいだった日本語の書き方の歴史を問いなおす視角は、確かに鋭い。しかし私には、どうも納得できないところがある。

いったい近年は、木簡を中心に七世紀代の資料も数を増している。それらをもとに、この問題を考えれば、どうなるだろうか。もちろん木簡は、国語学の分野でも注目されており、稲岡説でも援用されてはいるのだが、まだその重要さが認められていないものもある。たとえば図の木簡をみていただきたい（図２－５）。

これは約二十年前、滋賀県の北大津遺跡から出た木簡である。長さ七〇センチメートル近い大型のもので、もとは表面全体に字が書かれていたらしいが、文字の消えているところも多く、ここでは比較的文字の残りがよい下半部の見取図を掲げた。これではわかりにくいかも知れないが、この木簡は漢字をいくつかあげて、それに読み方や意味を注したものである。注の部分は、二行に割り書きになっているところが多い。読みや意味の書き方は、二種類ある。一つは同じ意味の漢字を注したもので、たとえば「采」（とる）に対して「取」、「披」（ひらく）に対して「開」と書いたのなどがそれである。これに対し「賛」に「田須久」（たすく）とあるのは、仮名書きを用いた例である。親字は消えているが、

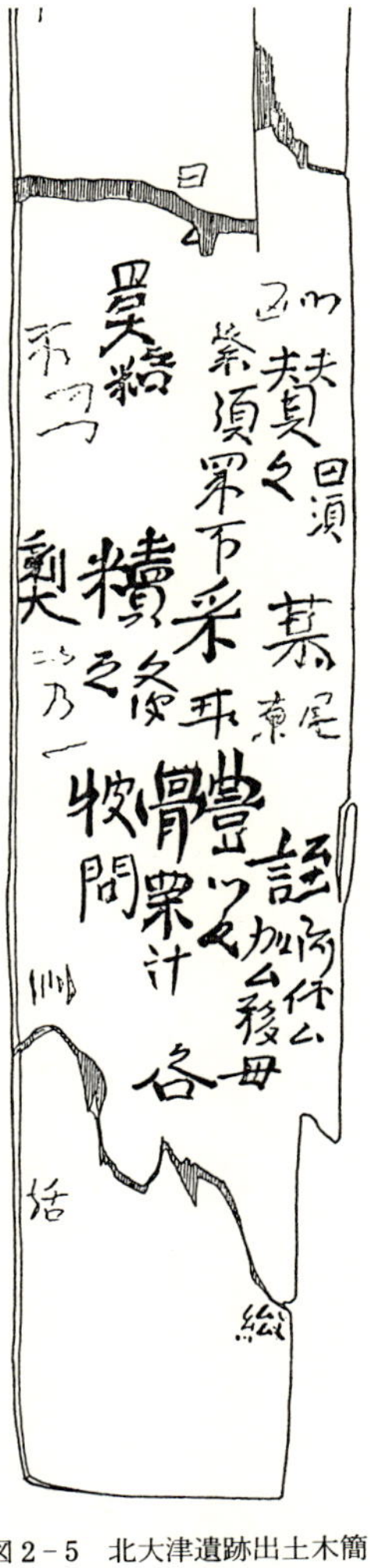

図２－５　北大津遺跡出土木簡

「参須羅不」(さすらふ)と読める注もみえる。これを参考にすると、「體」(体)の下は「ツ久羅不」(つくらふ)だろう。のちの片仮名と同じ「ツ」は、藤原宮の木簡や大宝の戸籍(正倉院文書)などでも使われている(八八頁、図2-12)。三行目中ほどの米偏の字は、「精」の異体字と考えられ(『平城宮発掘調査出土木簡概報』11、一四頁下段参照)、それに「久波之」(くはし)の訓がついている。

ところで、当面の問題に関係して重要なのが、一行目の下の字である。これは「誣」の異体字で、その注に「阿佐ム加ム移母」とある。「ム」も、のちの片仮名と同形・同音で、古くからみえる略体字、「移」は飛鳥時代の天寿国繡帳銘《てんじゆこくしゆうちようめい》などにも用いられている仮名「や」である。ここは「あざむかむやも」と書かれているわけである。「誣」は、いつわる、あざむくの意味をもつが、それなら単に「あざむく」の注でよいはずだろう。ことさら「あざむかむやも」とあるのは、「誣」の字が、ある文章の中で使われていてそこでの読み方を記す意味があったと考えられる。この木簡の記事全体が、一種の辞書のようでありながら、とくに配列に順序があるらしくないのも、ある特定の文章にみえる字だけを取り出して、注を付けたとみると納得がゆく。

ともあれ注目したいのは、「あざむかむやも」(いつわりであろうか)という文章が、一字一音の仮名ではっきり記されていることである。この木簡は溝から出土したもので、正確な年代は明らかでない。しかし同時に出土した土器などから、天智天皇の大津宮時代のものと推定されており、遺跡そのものが、すぐ北にあったとみられる大津宮と深い関わりをもつと考えられている(林博通『大津京』ニュー・

サイエンス社、一九八四年）。大津宮の所在について異説もないことはないが、まずこれは広く支持されている妥当な推定といっていい。大津宮の時代といえば、柿本人麻呂が活躍した天武・持統朝より一世代古いことは、いうまでもない。先に紹介した稲岡説によれば、この時代には、まだ漢字を日本語の語順に並べる文章しかなかったことになるが、実際には文章が仮名書きされることもあったのである。この木簡からすれば、漢字の訓も相当固定していて、漢文の訓読も盛んだったとみてよいのではないか。おそらく日本語を書き表す方法は、古くからいくつか出来上がっていて、それらが時に応じて使いわけられたり、併用されたのだろう。天武朝以前の成立とみられる『帝紀』の佚文が、漢字の音訓を交用した和風の文であるのも参考になる（粕谷興紀「大草香皇子事件の虚と実」『皇学館論叢』一一ー四、一九七八年）。いまのところ、これより古い時代の様子は不明だが、木簡などによってそれが解明されるのも、そう遠くないかも知れない。

3　『千字文』と古代の役人

『千字文』といえば書道の手本として、古今を通じ最もポピュラーなものといっていいであろう。その起源は六朝時代にさかのぼり、梁の武帝（在位五〇二―五四九年）が皇子たちの教科書として、周興嗣という人物に作らせたといわれる。漢字一千字を、一度もだぶることなく使い、文章を構成した書であることは有名だが、それだけでなくちゃんと脚韻まで踏んである。暗誦しやすいように、しかも漢字を効率よく学べるように、というまことに行き届いた配慮のされている書である。『千字文』が長い生命を保ってきたのも、そういう意味でよく出来た書だったからに違いない。

日本にも『千字文』は早く伝えられた。『古事記』（応神段）には、百済の博士王仁が『論語』『千字文』を献じたという有名な話がみえるが、これは事実とは考えられない。『千字文』はもちろん、『論語』も児童の教科書として有名な書だから、この話は学問の伝来を、当時よく知られた幼学書の初伝という形で示したものに他ならないであろう（拙稿「『論語』『千字文』と藤原宮木簡」『正倉院文書と木簡の研究』塙書房、一九七七年）。しかし七世紀後半の藤原宮木簡には、すでに『千字文』の句を習書したものがあるし（拙著『木簡が語る日本の古代』第八章、岩波新書、一九八三年）、奈良市西の京の薬師寺からは、「天地玄黄」などと書いた霊亀二年（七一六）の木簡も出土している。奈良時代になると正倉院文書や木簡に例は多いが、最近また平城京の木簡に新しく『千字文』の落書が加わった。楼閣山水図などが

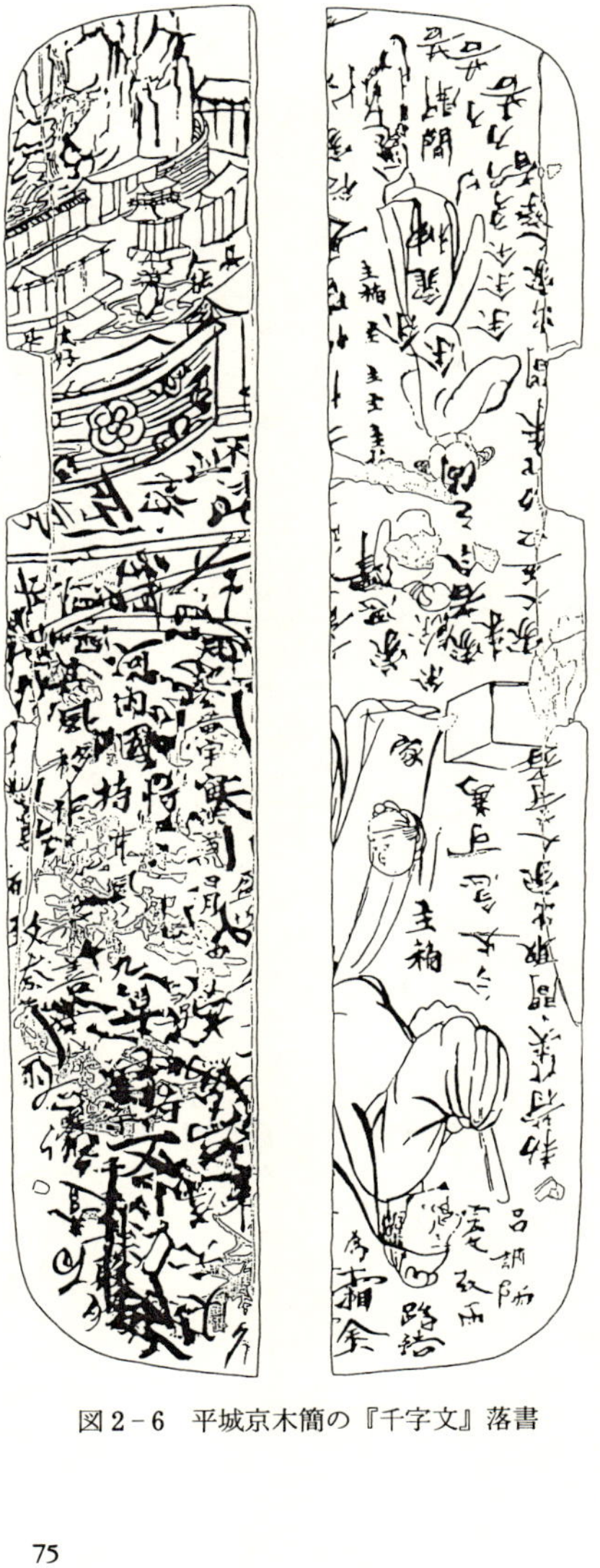

図2-6　平城京木簡の『千字文』落書

描かれていることで有名になった資料がそれである(図2－6)。第八句「律呂調陽」、第九句「雲騰致雨」、第十句「路結為霜」などが、容器の底板らしいものに落書され、その最後に第十一句「金生麗水」の「金」がのぞいている(図2－6下端)。この裏面にも『千字文』冒頭の標題「千字文　勅……」の文字とか、「天地玄黄」で始まる第一句から三句までが読みとれる。この資料は出土状況から天平八年(七三六)前後のものである。同じ落書の中には下級役人の名前や文書の字句らしいものもみられるから、筆者は普通の役人とみてよいであろう。

ただわれわれが、こうした『千字文』の落書・手習いをみて、すぐに「書道の手本」というイメージに結びつけるのはよくない。中国文化の伝統や筆墨の使用が、実生活から消滅してしまった現代人からすると、『千字文』はその意味内容などどうでもよい、漢字の手本である。しかしはじめにもふれたように、『千字文』が作られたのは、単なる習字手本を提供するためではなかった。暗誦することによってさまざまな教養が身につく読本の役割が一方にあったのである。したがってその内容を学ぶための、『千字文』の注釈というものも、かつては幾種類か存在した。その中には現存しないものも多いが、古い注釈として有名なのは李暹《りせん》という人物の作った注である。

李暹の注は、主として日本に伝わったもので、建仁二年(一二〇二)の本奥書をもつ弘安十年(一二八七)の写本が最も古い(図2－7)。これと類似の序文をもつ一本が版本になっており、岩波書店から『注解千字文』(一九八四年)としても刊行されているから、御存じの読者もあろう。この李暹という人は、版本の序に「梁大夫司馬李邏」とあるため、従来から議論の的になってきた。まず「李邏」は、早く幕末の『経籍訪古志』がいっているように「李暹」の誤りである。李暹に『千字文』注の著作があったことは九世紀末にできた『日本国見在書目録』や敦煌本『雑抄』によって証明される。したがってこの注が唐以前のものであることはいうまでもない。李暹を五代の梁の人とする説があるのは、まちがいである。

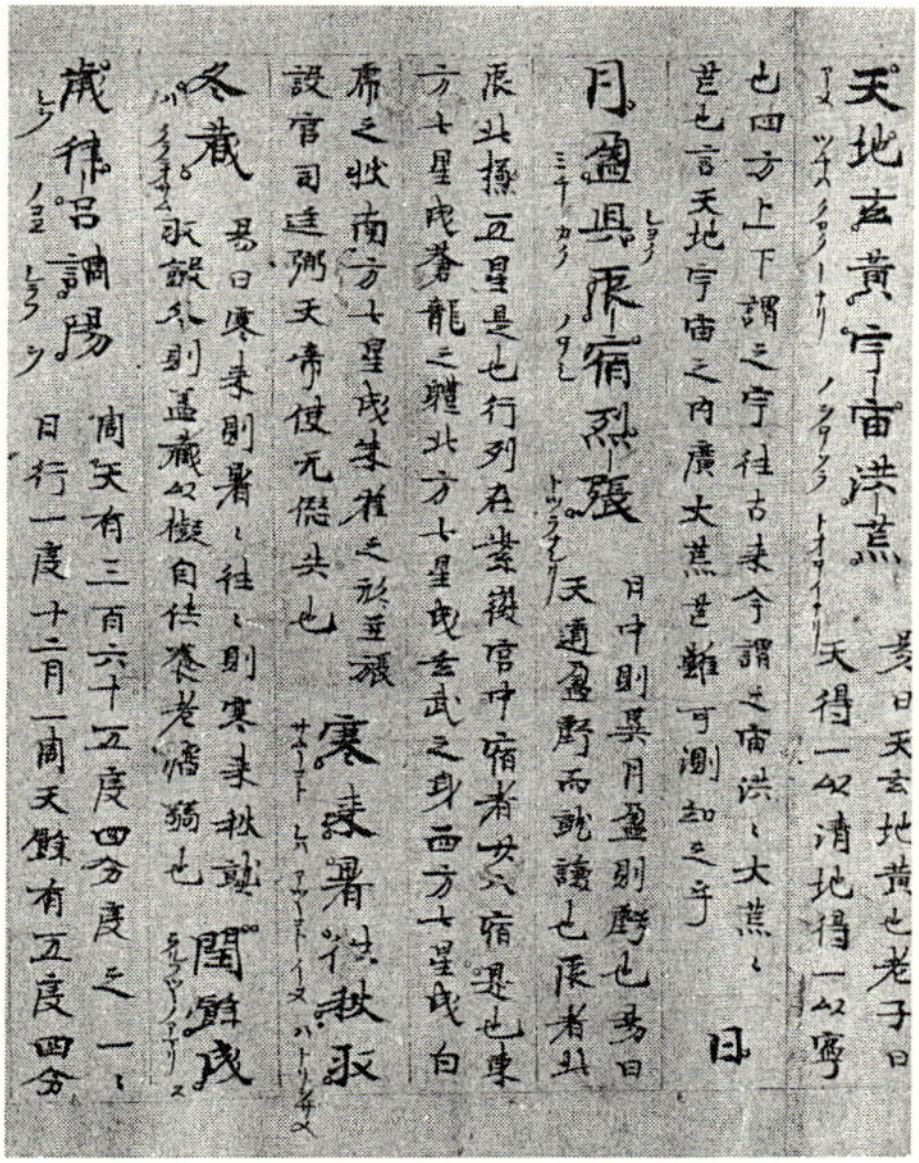

天地玄黄宇宙洪荒

日月盈昃辰宿列張

寒来暑往秋収冬蔵

閏餘成歳律呂調陽

図2－7　李暹『注千字文』

李暹は南北朝時代後期の人で、もと北斉に仕えた官人であった。そのことは前記弘安本の序を読めば明らかである。この序は早くから写真版などでも紹介されながら、閑却されてきたものであるが、詳しく検討してみると、李暹の経歴や著作の動機がよくわかる。私はかつてこの序を手がかりに李暹注の成立年代や特色を考えてみたことがあった。その結果は、黒田彰・後藤昭雄・三木雅博諸氏との共編になる『上野本　注千字文注解』（和泉書院、一九八九年）に収めたので、興味のある方は参照いただきたい。結果を手短かに述べれば、李暹は南朝、北朝の対立が続いていた六世紀半ばごろ、北斉の秘書郎中として南朝の梁に使いしたが、侯景の乱にまきこまれて流浪し、長安に帰ったものの仕官せず、六世紀末ごろ、不遇のうちにこの注を作った、ということになる。注の内容を調べても、この序文と矛盾する点はなく、かえってこの時期の著作でなければ書けない記事がある。版本になっている李暹注などは、後代この注がテキストとして使われてゆく中で改編されていったものであり、敦煌発見の李暹注の残巻などにくらべても、弘安本は原形をよく伝えているといってよい。

興味深いのは、奈良時代の人々が、すでにこの李暹注をみていたことである。秋篠寺の開基として有名な高僧善珠の著作『法苑義鏡』には、李暹注からの引用がある。奈良時代の役人たちも、この注で『千字文』の内容を学んでいたと考えてよかろう。中国では『千字文』が幼童の教科書だったため、注の作者の名前はそのままに、内容は時代に合わせて改編されていった。しかし日本ではそれが漢籍の一つとして尊重されたため、原形が保たれたのであろう。木簡の『千字文』も役人などの手になるものと考えられるが、一人前の大人が『千字文』の落書や手習いをしているところに、中国との文化的な隔差を感じさせられる。

4　『王勃集』——役人の手習い

奈良時代の都、平城宮の跡から、墨で文字を書いた札が発掘されていることは、知る人も多いであろう。普通「木簡」とよばれるこれらの札は、当時の役所で使った事務用のメモや、地方から税として納めた品物の荷札が、捨てられて地中に埋まっていたものである。現在までのところ、約二万点を数え(一九九四年現在約三万三〇〇〇点)、他の遺跡から出る木簡と共に、史料の乏しい古代史の研究には欠かせない存在といってよい。

ただ三万点といっても、内容が完全なのは一割程度、大部分は意味もはっきりとはつかめない断片で、中には役人達の落書や手習いもある。しかしほんの小さな断片でもおろそかにはできない。時にはその中に意外なものを見つけて驚くことがある。最近も偶然こんな発見をした。

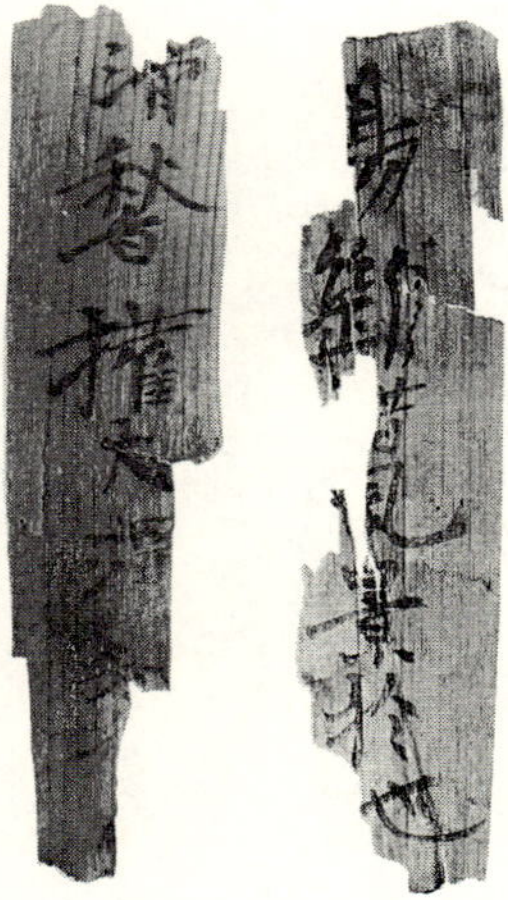

図2−8　平城宮木簡の王勃詩序断簡

去る一九六三年、平城宮内裏の外側が発掘された時、天平末年ごろ（七四五年前後）に使われたごみ捨て穴が見つかり、ここから多数の土器や木製品にまじって木簡が約一八〇〇点も出てきた。その中に「滑稽権大滑稽」「易断惜風景於他」などと書かれた三つの断片がある（図2−8）。同じ文字をくり返し手習いしたもので、「風景を惜しむ」とか「滑稽」とか、役所の文書にふさわしくない文字が目につくけれども、大部な平城宮木簡の報告書にあってはほとんど目立たない。

ところがこの小さな断片が容易ならぬ意味をもつことがわかった。中国初唐の詩人、王勃《おうぼつ》の文章を手習いしたものだったのである。

王勃といってもなじみのない人が多いであろうが、その作品集『王勃集』は、奈良時代の貴族や文人たちの愛読書だった。当代の漢詩文を集めた『懐風藻』をひもとくと、王勃のスタイルをそっくりまねた作品によく出会うし、現に奈良の正倉院には、本国でもなくなってしまった『王勃集』の一部（『王勃詩序』）が伝わっているほどである。

木簡の文章も、この正倉院の写本に全文がのっていて、王勃の作とわかる。原文は宴会の詩につけた序で、対句や雅語を駆使しながら宴席の盛んな様子を描く。相当な長文だが、木簡に書かれているのは次の一節である（図２－９、三行目以下）。

羈心易断、惜風景於他郷、勝友難遭、尽歓娯於此席、権大官骨稽名士、倜儻高才

（羈心断ち易く、風景を他郷に惜しむ。勝友遭い難く、歓娯をこの席に尽くす。権大官は滑稽の名士、倜儻の高才なり。）

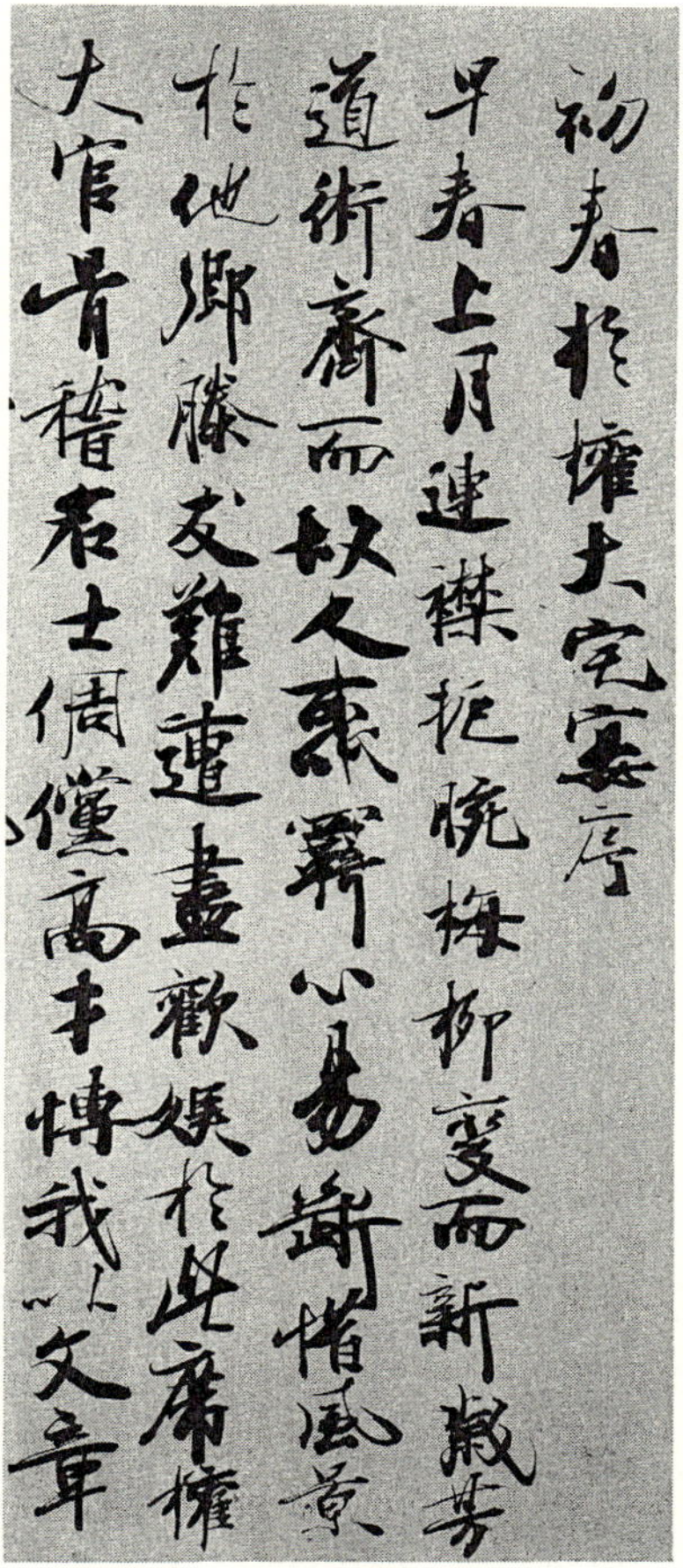

図２－９　正倉院宝物『王勃集』残巻（部分）

「滑稽の名士」とは、頭の回転が早い立派な男、ここではホストの権大官に対する讃めことばである。

『王勃集』がもてはやされたのは、こういう宴会の作品がのっていることにも大きな理由があった。奈良時代の儀式や行幸には、宴会がつきものである。そういう席では、貴族や文人がその場にふさわしい漢詩や和歌をつくって披露した。その際、『文選』などとならび恰好の手本にされたのが『王勃集』である。

当時漢詩文をつくれる人がそう多かったとは思えないから、王勃の作品なども限られた貴族や文人だけが読んでいたと考えやすい。

しかし事実はそうではなかった。それを証明するのが先の断片である。木簡を使って役所の事務をとっていたのは、決して当時の高級官僚ではなく、下級の役人たちである。そういう役所の書記のような人々も、『王勃集』を読んでその一部を手習いしていたのであった。この木簡のかけがえのない価値はここにある。

しかもそう思って見なおしてみると、正倉院の古文書にも、下級の役人が王勃スタイルの詩序を落書している例がある。詩人たちの使う種本を勉強しておけば、当時の漢詩文は理解しやすい。同じごみ捨て穴からは、「読書おこたるなかれ」と落書した木簡や、『文選』を手習いした木簡も出ている。役人たちは、晴れの場に連なる場合を考えて、読書に励んでいたのである。

小さな木簡が、いままで知られなかった歴史の一面を明らかにすることは、これでわかっていただけたであろう。もっともこういうことは、見つけようと努力して見つかるものではなく、大げさにいえば人事を尽くして天命を待つようなところがある。

この場合、きっかけになったのは、一九七五年春、明日香村に開館した飛鳥資料館だった。かいつまんでいうと、資料館の開館を前にして、門標の文字を何か飛鳥にゆかりの古い文献から集めてとろうということになり、開館準備作業に加わっていた私に、文字捜しの役がまわってきた。いろいろとあたってみたが、うまく「飛鳥資料館」の五字が出てくる文献はない。そこで思い浮かんだのが、先にふれた正倉院の『王勃集』残巻だった。あれなら平城遷都以前の写本だし、確か「飛鳥」というような熟語がたくさん使われていた。そう思って複製本を開いたところ、終わり近くに木簡で見覚えのある文が出てきたのである。

一瞬目を疑ったが、かねて何か典拠がありそうだと思っていただけに、やはりただの落書ではなかったと感じたのを覚えている。まだまだこれからいろいろな発見があることだろう。ちなみに目的の文字捜しの方は「飛鳥」や「館」が見つかっただけで、全部はそろわず、失敗に終わった。いま飛鳥資料館には、活字体の文字を刻んだ門標がとりつけられている。

『王勃集』の削屑に関する詳細は、拙稿「『王勃集』と平城宮木簡」(『正倉院文書と木簡の研究』塙書房、一九七七年)参照。

5　藤原宮木簡——渡来文化受容の跡をみる

古代の木簡が多く出土しているのは、平城京跡だが、それ以外では、まず藤原宮跡をあげなければならない。大和三山の中心に位置するこの地には、六九四年から七一〇年まで都があった。十数年間の都なので遺跡もあまり複雑ではないが、それでも今までに数千点の木簡が出土している。これは平城京跡につぐ量である。

ここの木簡の特色は、なんといっても、それが七世紀後半のまとまった史料であることだろう。七世紀という時代は、律令制度に基づく国家が作りあげられていった時にあたっているが、この時期の様子を知ろうとすると、ほとんど『日本書紀』に頼らざるをえない。ところが書紀は奈良時代初めに作られたものであり、いろいろな修飾が加わっている。また金石文もいくつか残っているが、地方で作られたものがかなりあり、また記念的な意味がこめられたものであるから、そのまま信ずるには憚られるところもある。その点、藤原宮の木簡は、七世紀末から八世紀初頭の都に集められていた役所関係の文書・記録・付札などであり、いままでの史料のもつ欠陥をうまくカヴァーするものといってよい。

藤原宮木簡から知られることはさまざまだが、総じていえるのは、制度においても文化においても、奈良時代以後とは相当な違いがあることである。木簡の書き方一つをとっても、奈良時代にない特色がある。木簡の書き方というのは、詳しくいうと木簡の表記法や書風ということである。たとえば木簡に書かれることがらは大体役所関係のことだから、漢文で書かれる場合が多い。しかし漢文で表わせない地名・人名などには、漢字の音訓を借りた、いわゆる万葉仮名が使われる。そこで藤原宮木簡に出てくる万葉仮名を調べてみると、あまりみなれない次のような仮名に出会う。

下毛野国芳宜評□

この木簡に使われている「宜」は、普通「ギ」と読まれる字で、『万葉集』をはじめ古代の文献でも、たいていギの音仮名として使われている。しかしこの木簡の「宜」は、芳宜評(はがのこおり)という評(のちの芳賀郡)名に使われており、「ガ」と読んだことは確かである。これは一見勝手な読みのようにみえるが、中国の古い発音に基づく根拠のある読み方なのである。我国には、中国の三世紀頃の漢字音が朝鮮半島を経て伝わってきており、飛鳥時代にはまだ盛んに行なわれていた。七世紀前半に最初の成立をみたといわれる飛鳥寺の縁起に「蘇我」を「巷宜《そが》」と書いたりした例がある。これも古い字音を使ったものである。また万葉仮名では後代まで「支」をキ、「止」をトと読むが、これは、今日行なわれているシという字音が一般化した後も、仮名には古い字音が残った例である。しかし「支」や「止」のように仮名専用の字になってしまったものは別として、たいていの場合、古い発音は次第に現在でいう呉音や漢音にとってかわられてゆく。奈良時代に書かれたものになると、こうした発音にはほとんど出会わなくなる。藤原宮木簡の表記は、まだ古い読み方を部分的に残しており、それが力を失なってゆく最後の段階を示しているのである。

　このような古い字音の残存は、藤原宮に都のあった七世紀末―八世紀初頭まで、朝鮮渡来の文化がまだ根強い影響力をもっていたことを物語っている。従って文字の書風にも、古い要素が残っていて当然であろう。事実、藤原宮木簡の書には、一方に純唐風の書があるものの、まだまだ古拙な六朝風の書が多い。次の木簡(図2－10)など、一見漢晋の木簡をみるような古めかしい筆法をとどめている。

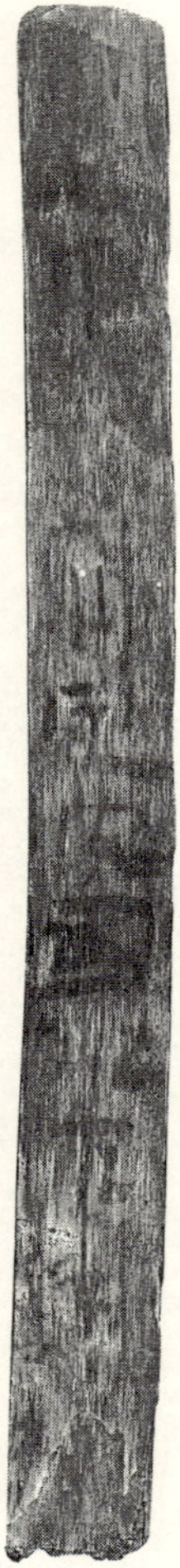

図2－10　藤原宮木簡

丙申年七月旦波国加佐評□□

今でこそ文字の発音と姿とは、全く別のものとして切り離されて考えられているが、その昔、文字を習得するということは、発音・意味を知ると同時に、それを当時のスタイルで書けるということに他ならなかった。いいかえれば文字の表記と書は、文化的な統一性をもっていたはずである。もちろん中国の新しい文字文化も流入しつつあったことはまちがいないが、中央・地方の役人たちの多くは、前代以来伝えられてきた朝鮮経由のやや古い中国文化を、その教養の基底にしていたのである。新しい唐の文化の影響が決定的になってゆくのは、八世紀初頭以降のように思われる。

しかもここで忘れられないのは、このような古い文化要素が、八世紀以降も文化の底流に生き残っていったことである。たとえば奈良時代末から平安前期におこった注目すべき文化現象として、平仮名・片仮名の発生ということがある。仮名は漢字の草書や字画の一部を利用して国語を自由に表記する道具としたものであるが、平仮名の場合、普通一般の草書と違ったくずしがあるといわれている。すなわち「と」の場合、字源は「止」であるが、「止」の草書は通常「[illegible]」であって「と」とは異なる。「と」は日本でのいわば我流のくずしというのが通説のようである。

しかし藤原宮木簡をみると、万葉仮名の「止」は、ほとんど図2-11の木簡のように書かれている。

図2－11　藤原宮木簡

卿等前恐々謹解寵命□
卿尓受給請欲止申

図2－12　藤原宮墨書土器
「宇尼女ッ伎」(采女杯)

この「止」の形は楷書の字形や筆順とはちがい、むしろ隷書の「止」からきたものだろう。隷書的な筆法や結体が残っているのは、藤原宮木簡やそれ以前の書蹟のもつ特色の一つであり、前にみた旦波国（丹波国）の木簡（図2－10）などは典型的な例である。図2-11の隷書的な「止」からは、平仮名の「と」のような形が容易に導かれる。「と」に近い字形は、奈良時代の正倉院仮名文書にも出てくるが、さかのぼれば七世紀以前に伝わった文字文化につながってゆくのである。このことは字形だけでなく音の方からも言える。「止」は普通「シ」と発音され、「ト」という発音はでてきそうにない。しかし「止」は中国でも古くは「ト」に近い発音をもった時代があった。稲荷山古墳鉄剣銘にみえる「居」をケと発音するのと同様な例である(一九五頁参照)。万葉仮名としても「止」は一貫して「ト」の音にあてられている。これもおそらく古い時代の中国音を伝えた古代朝鮮の漢字音が源になっていると考えてよかろう。藤原宮の木簡や墨書土器、ほぼ同時代の大宝二年戸籍(正倉院蔵)に、「つ」の表音字として「ツ」がしばしばみられるが、これが片仮名そのままであるのも決して偶然とはいえない(図2-12)。

唐の文化が、平安時代以降の国風文化の展開に果たした役割については、すでにいろいろと指摘されている。しかし七世紀以前に朝鮮経由で伝わった文化も決してそれと無縁でないことを、藤原宮木簡は改めて認識させてくれる。

6　長屋王家の木簡

発掘による新発見があいつぐ中でも、長屋王邸跡から出た奈良時代初期の木簡は、文字どおりの大発見である。総数三万点といわれているものの、現在のところ土を落されて確認されているのはその約一割ほどで、厳密な総点数はまだ不明である(一九九四年現在約三万六〇〇〇点)。従来全国で出土している木簡が約五万点であるから、数量だけでも大変な発見であることがわかる。

木簡が出土したのは平城宮跡のすぐ東南、往時の町割りでいえば左京三条二坊の地である。ここにデパートが建つことになり、その事前発掘で、一九八八年初めには「長屋皇宮」と書いた木簡が見つかった。従ってこの場所が奈良時代初期の貴族、長屋王の邸宅跡であることはわかっていたが、工事が始まってから、かえって大量の木簡が出てきたのである。発掘担当者の尽力で、木簡を含んだ土が持ち帰られ、木簡の調査が可能になったのは、せめてもの幸いであった。

木簡の内容については、これからの整理と調査にまたねばならない点が多いが、その年代は和銅五年(七一二)―霊亀二年(七一六)ごろに集中しており、現状でも超一級の史料であることは疑いない。何といっても大きいのは、長屋王の生きた時代とその生活が、『続日本紀』などの正史ではなく、生の史料からうかがえるようになったことである。

長屋王は、神亀六年(七二九)、謀反を企てたとして自殺を命じられた。これは王が皇位継承者となることを恐れた藤原氏の陰謀だったといわれる。その限りでは、王は犠牲者というイメージが強いのであるが、木簡はこうした長屋王観に再考を迫るものといえる。最初に公表されて一躍有名になった次の木簡は、まさにその好例である(図2-13)。

長屋親王宮鮑大贄十編

図2-13　長屋王家木簡

これは長屋王家に贄として献上される干あわびに付けられた荷札である。長屋王は天武天皇の孫で、父は太政大臣だった高市皇子である。文武天皇とはいとこ同士という間柄であるから、皇族中でも有数の血筋ではあるが、あくまで王であって、親王(皇子)ではない。ところがこの木簡には「長屋親王」と記されている。王を親王(皇子)と同格にみなす風潮が広がっていたことを、この木簡は示しているのである。

確かにそう思ってみると、従来知られている史料にも、これを裏付けるようなものがある。たとえば木簡と同時期、和銅五年(七一二)に王が書写させた大般若経の跋文には、「長屋殿下」の語がある(図2-17)。唐の儀制令では「殿下」は皇后や皇太子に対する敬称とされており、日本の令でもこれをうけついだ(儀制令第三条)。王に対して唐では「大王」と尊称している(たとえば『兎園策府』序)。長屋王の場合、皇太子とはいかないまでも、親王と同程度の地位をもって、自他ともに許していたのであろう。

木簡の作りからも、それはうかがえる。さきの荷札の文字は、切り欠きに紐をかけた状態でも読めるように書かれている。これは当然のようでいて、そうではない。図2-14の志摩国の荷札のように、紐をかけると字がかくれるのがむしろ普通である。ただ天皇に献ずる贄の荷札は、一般に謹直な字で紐のかかる位置を避けて書かれている。長屋親王木簡も、それと同じような意識で書かれているといってよい。

長屋王家で氷が使われていたことも見逃せない。木簡の中には、和銅四・五年の夏に都祁《つげ》（いまの奈良県都祁《つげ》村あたり）から氷を運ばせた時の記録がある。喪葬令の規定では、貴族が夏に死ぬと、それが親王や三位以上の者なら、遺体防腐のため氷が支給されることになっていた。つまり親王でも自己の氷室《ひむろ》はもてないたてまえだったらしい。実生活の面でも、長屋王の権勢の大きかったことが知られる。

なお長屋王の邸が「宮」とも呼ばれていることから、親王と同等の地位を意識していたとする意見もあるが（岸俊男『古代宮都の探究』塙書房、一九八四年、二七頁）、東大寺写経所で活躍した市原王などは「玄蕃宮」「備中宮」などとも称されており、それは当たらないだろう。

長屋王の書に関する事蹟では、二度にわたる大般若経書写が有名であるが、木簡の中にも書に関係するものがあるのは興味深い（図2－15）。

図2－14　長屋王家木簡

図2－15　長屋王家木簡

（表）書法模人米二升　受当良「□」
（裏）十月九日　麻呂　家令

この木簡は、使用人の食料（米）を支給したときの伝票である。同類の木簡が多数出ているが、ここに「書法を模する人」とあるのが注目される。他に「書法作人」と書かれたのもある。この二つはおそらく同じ意味で、中国の書の手本を複製する人を指すのであろう。唐ではこれを搨書手といっているが、日本でも図書寮などでこの種の作業が行なわれたに違いない。長屋王家でもそのような技術者をかかえていたわけである。

なお書といえば長屋王家の木簡が、書道史の史料として画期的な意味をもつことは、いうまでもない。

ふつう古代の書は、長屋王発願の和銅経(七一二)と神亀経(七二八)の間で書風に変化がみられ、唐風への転換があったとされるが、長屋王家木簡の年代は奈良遷都直後の和銅四年(七一一)から霊亀二年(七一六)ごろまでの間に限られている。いいかえればこれは、和銅経と同時代の資料群だということである。この時期は正倉院にも残存書跡が稀で、長屋王の発願にかかる和銅五年の大般若経のみが喧伝されてきた。またこれまでも平城宮木簡の中に奈良時代初期のものは存在する。しかしその数は決して多くはなく、また内容的には地方からの貢進物に付けられた荷札が多数を占める。それらはいうまでもなく地方で書かれたものであり、そこから中央の書の状況をうかがうには制約が多かった。長屋王家木簡にも、そうした荷札は含まれているが、それとは別にはるかに多くの中央の書を見ることができるのは、何にもまして意義深い。この点に留意して木簡をながめてみると、興味深い例が目にとまる(図2-16)。

長さ五〇センチメートルあまり、表裏に細かく記載のある木簡で、保存もよい。木簡は一般に当座の用に供するためのもので、下級の役人による率意の書が多く、書風の特徴を明確にとらえにくいも

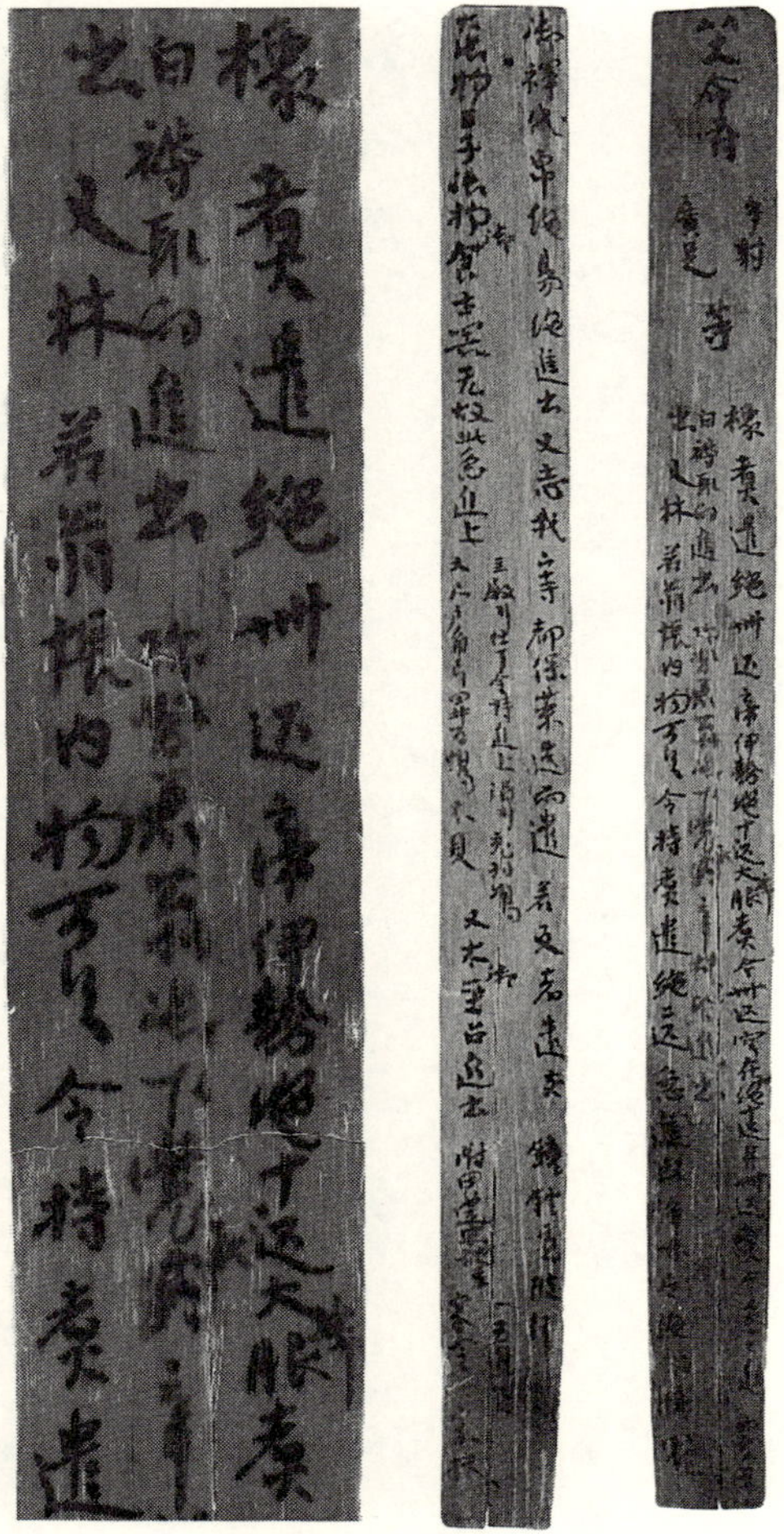

図2－16　長屋王家木簡(右から表，裏，表面部分)

のが少なくない。この木簡も日常の家政に関する命令に過ぎないが、書風の特色がよく表れており、恰好の資料といえよう。この木簡は「大命」(おおみこと)を受けた家令・家扶が、その内容の施行を部下に命じたものである。従って書き出しは「大命を以て牟射・広足らに符す」で始まり、末尾に日付が来て家令・家扶の署名が来る。当時貴族の邸宅には、その家政を処理する事務官が置かれており、彼らを総称して家令といった。その長官が「家令」、次官が「家扶」である。一応「符」という公文書の体になっているが、記載は漢字を和文脈に従って並べ、必要に応じ助詞を加えただけで、公文書の様式にはかなっていない。読むとすれば、たとえば次のようなことになろうか。

橡《つるばみ》に煮に遣す絁《あしぎぬ》四十四の中、伊勢の絁《あしぎぬ》十四は大御服《おおみそ》に煮よ。今三十四は、宮在《な》る絁《あしぎぬ》十四を加え、并せて四十四煮て、今急々に進《たてまつ》り出せ。又林の若翁《わかみたふり》の帳内《とねり》、物万呂に持た令《し》めて煮に遣す絁《あしぎぬ》二匹、急ぎ進り出せ。浄き味《うま》き片絁《かたぎぬ》そ。（中略）又志我《しが》山寺につほ菜造りて遣せ。若反《おちかえり》し者は遣しき。鏡・鈴の直《あたい》は彼《そこ》に行え。（下略）

このうち圏点を付けた助詞「そ」「き」は、原文ではやや小字で右に寄せ「曽」「支」と表記してある。用語も訓読されることを前提にしていて、たとえば「若翁」は平安時代の「わかんとほり」に相当し、王家の子女に対する尊称であろう。『隋書』倭国伝に、太子のことを「利〔和〕歌弥多弗利」（わかみたふり）というとあるが、これが古形とみられる。「翁」は、古訓を多く伝える『字鏡抄』に「タフレス」とあるから、「わかみたふり」に若翁という当て字がなされておかしくない。「若反《おちかえる》」も『万葉集』に同じ文字づかいで登場する言葉である。

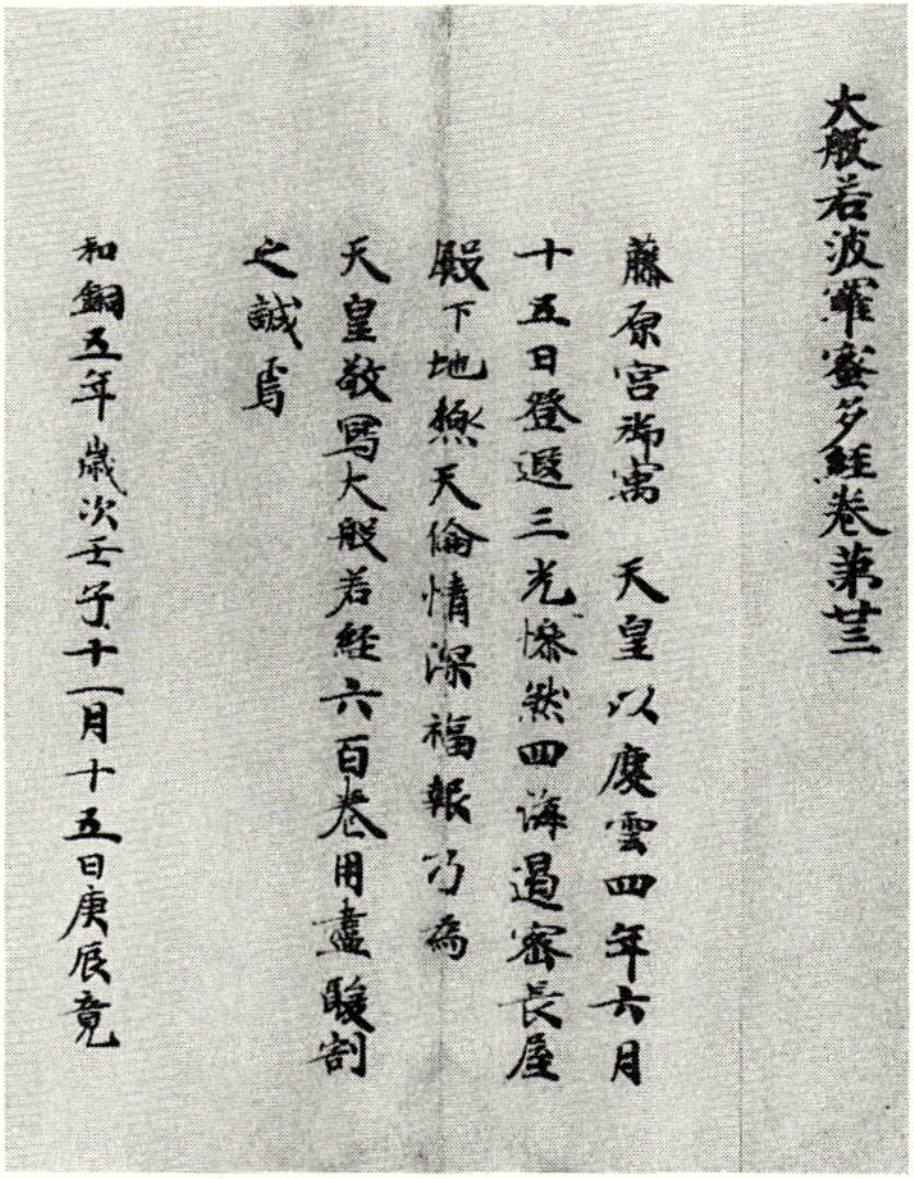
大般若波羅蜜多経巻第廿三
藤原宮御宇　天皇以慶雲四年六月
十五日登遐三光惨然四海遏密長屋
殿下地極天倫情深福報乃為
天皇敬写大般若経六百巻用盡酸割
之誠焉
和銅五年歳次壬子十一月十五日庚辰竟

図2－17　和銅五年長屋王願経奥書

しかしここで注意したいのは、その書風である。この木簡では、総体に丸味の多い柔かな筆致と、右下へ引き伸ばされた筆画が目立つ。右下への筆画は、随所にその特徴をみせているが、たとえば表面最終行の「又」、裏面一行目の「又」「反」、同末尾の「扶」など見やすい例であろう。この木簡は同時期の地方からの荷札などとは違って書が洗練されており、さほど古めかしさを感じさせない。しかしこうした傾向は、やはり六朝風の影響を色濃くとどめた結果とみるべきであろう。

この木簡を見て想起されるのは、先にふれた和銅経である。とくにその跋文の中には、硬軟多少の違いはあれ、酷似した書風を呈するものがある（図2－17）。木簡は、このような書風が当時なお大きな影響力をもっていたことを示すといえよう。というのは、この木簡が家令によって書かれているからである。

家令は、もちろん主家とのつながりが強いのであるが、制度上は朝廷の役人だった。従って彼らの書く書は、当時中央の役人の間で行なわれていた傾向を表わしているといってよい。なおさきの木簡では、家令・家扶の名がなく、この二つの職名も本文と一筆で書かれている。木簡の場合、このように本人の署名を略すものが多い。おそらく家扶あたりが代筆したものであろう。

先にもふれたが、従来から和銅経と神亀経の間に書風の変化がみられ、和銅経のかなりの巻が六朝ないし隋風の残る書風を示すのに対し、神亀経は唐風を示すとされてきた。さきの木簡にみられるような特色は、こうした状況によく合致するといえよう。和銅経の奥書の中には、この木簡の筆者の書いたものがあるのではないかと考えてみたくなる。

以上のとおりこの木簡は、和銅ごろの書風を考える上で意義深いものであるが、当時の日常の文章や用語がうかがえる点でも貴重である。たとえば先にふれた「大命」もその一例である。「大命」の文字どおりの意味は、皇帝・天皇の命令だが、ここでは貴人の命令をさしてこういっただけである。この「大命」は、指示の内容が日常の雑務に関するものであることからみて、具体的には長屋王の命と考えてよかろう。王の妻である吉備内親王の命令でないことは、別に「吉備内親王大命」と書いた木簡があることからわかる。つまり「大命」は、より広い意味をもつ和語オオミコトに対する当て字である。長屋王家木簡には「勅旨」と書き出した命令もあるが、これも和風に読めばオオミコトで、実際に天皇の命令というのではあるまい。この点については、これより古い藤原宮跡の木簡（八八頁、

図2―11)や埼玉県小敷田遺跡の木簡に現われる「寵命」という言葉が参考になる。「寵命」も本義は天子の命令だが、オオミコト(貴人の命令)と解さないと意味が通じない。和語を主体にした言葉づかいは、長屋王木簡全体に通じる特徴である。平城宮の木簡や正倉院の古文書になると、こうした特色があまりみられなくなることからすれば、これも七世紀以来の古い要素とみてよいと思う。奇しくも和銅経と同年に完成した『古事記』の文体や用語が、長屋王家木簡と共通するところがあるのも偶然ではなかろう。

なお親王という称呼や氷室のことが出たついでに、長屋王の権勢をめぐる問題について、木簡から新たにわかることを付け加えておきたい。

私は長屋王が、律令制の枠外でかなり大きな特権を持っていたと考える。制度上、王家の収入は、王と吉備内親王がうける俸禄や、田地・封戸からの貢進物となるが、実際は大和とその周辺に、それ以外にも多くの御田《みた》・薗《その》を経営していたことが、木簡から指摘されている(寺崎保広「奈良朝貴族の生活を探る」朝日新聞、一九八九年七月七日名古屋版)。しかし特権は何も土地に限らない。とりわけ注目したいのは、王家が特殊な工人・職人たちを自由に使役していたことである。当時の社会は、一般に技術者が独立して生計を立てられるほど発達しておらず、高度な技術を要する品などは、朝廷が職人集団を抱えて注文生産させる仕組みになっていた。これには軍事関係の技術を拡散させない意味もある。技術者の多くは、前代以来朝廷に部民《べのたみ》として仕えてきた人々の子孫で、その技能を世襲するよう強制されるかわりに、一般の租税を減免されていたのである。これらの集団は品部《しなべ》・雑戸とよばれ、雑戸については彼らだけの戸籍を作る定めであった。

長屋王家の木簡には、この品部・雑戸に当たるような人々が登場する。

（表）鍛冶二口米五升受田公
（裏）八月十二日甥万呂

（表）矢作一大刀造二人米三升　受別□
（裏）□月□□麻呂

どちらも米の支給伝票であるが、ここに出てくる鍛冶《かぬち》や矢作《やはぎ》は、雑戸に編成されていたはずの職人である。王家内には「御鞍具作司」という部局もあって、馬具の製作が行なわれているが、そこに属する工人についても同様なことがいえる。その他、木簡にみえる沓縫《くつぬい》・土塗《つちぬり》・皮作《かわつくり》・狛人《こまびと》・新羅人など、いずれも品部・雑戸として統制をうけるべき技術者たちである。

直接姿は見せていないが、そういう人々の存在を考えなければ理解できない貢納品もある。たとえば牛乳の場合がそれである。王家に牛乳が届けられていたことを示す木簡が有名になったが、当時乳牛の飼育や乳しぼりに従事したのは乳戸という品部である。また大和の都祁にある氷の貯蔵所、氷室から、盛夏に氷を運ばせていたことはすでにとりあげたが、朝廷の氷室の管理には氷戸という品部が当たっていた。品部にはまた、地方に住んでその技能を生かし、貢進物を納める形のものもあった。その中には「川内国の広絹を織る」品部というのもあるが(『令集解』職員令)、左の木簡に現れる「河内絹」は、その人々の織った特別な絹に他ならないであろう。

(表)河内絹持雇人米一升半受□
(裏)十七日酒人末呂

これもさきにあげたのと同じ伝票の一つで、この場合、絹を運んだ雇人に米が支給されたのである。品部・雑戸は朝廷の仕事にだけ従事したとはいえず、それ以外の要求に答えることがあってよい。しかしこうしたことがどの貴族にも可能だったとは簡単に言いきれないのではなかろうか。

このような権勢が何に由来するのか、いまのところ明らかではない。しかしその謎を解くヒントになりそうなものはある。異常に大きな家政機関の存在である。さきにもふれたが、この時代、皇族・貴族の家には家令を頂点とする事務官が置かれていた。彼らも朝廷の官人である。木簡によると長屋王家では、その身分に不相応な大書吏・少書吏といった官人が存在する。大・少の書吏は、二品または二位以上の家にしか設置を許されない官吏で、長屋王も吉備内親王もそれには該当しない。やはりこれは、王が持統朝に太政大臣を勤めた高市皇子の子であったことと無関係ではなさそうに思える。大宝律令の施行後も、父の家格に準じた待遇が、子に継承されたのであろう。高市皇子の生前の位は浄広壱であって、兄弟である新田部親王の例から類推すると、大宝令制の二品相当と読みかえられて不自然ではない。

長屋王の発願したもう一つの大般若経、いわゆる神亀経の奥書に出てくる「作宝宮判官」も、王家の家令の第三等官だろうが、その位は不均合に高い。神亀五年（七二八）の時点でも王家の家格は実際より高かったと判断できそうである。もっともこうした家格の継承は、長屋王のライバル藤原氏にもみられる。藤原不比等の子、房前の場合、死後に左大臣の官を贈られ、その家格に応じた家政機関が子の代にも置かれていた（拙著『正倉院文書と木簡の研究』三〇七頁）。したがって長屋王の権勢を、他と全くかけ離れたものということもできないが、その日常はやはり単なる皇孫のものとは考えられないだろう。

長屋王家木簡の読み方については、拙稿「長屋王家木簡の文体と用語」（小島憲之監修『万葉集研究』一八集、塙書房、一九九一年）参照。なお左京三条二坊の邸宅は長屋王邸でないとする説も出されているが、私は「長屋王家と大伴家」（『続日本紀研究』二八三号、一九九二年）や「長屋王家木簡の文書と家政機関」（大阪大学教養部『研究集録』四〇輯、一九九二年）などで論じたように、長屋王邸とみてよいと考えている。

7　正倉院文書の筆者
——聖武天皇勅書銅版の成立をめぐって

古代史の史料は少ないというのが、研究者の常識である。しかしそれは他の時代や地域に比べての話であって、これだけあれば贅沢はいえないという気もする。正倉院の古文書を思いうかべると、とくにその感が深い。

正倉院文書の実数は数えることさえむずかしいが、とにかく巻物になった文書が六七六巻、他に冊子の形で二冊がある。同一人の筆になる文書がたくさんあり、無署名でも筆者の見当がつくなどというのは、求めても他になかなか得られない点であろう。正倉院文書の筆者推定に口火を切られたのは、中国法制史家の故内藤乾吉氏だった。その論文「正倉院古文書の書道史的研究」（正倉院事務所編『正倉院の書蹟』日本経済新聞社、一九六四年）は、まさに画期的なものといってよい。私は幸いにして晩年の先生にお目にかかり、古代の書について直接お教えをうけることができたが、その時うかがって、京都国立博物館の正門の字が、先生の揮毫されたものであることを知った。先生の名筆は、数々の書籍の題字等でも有名であるが、いまさらながら書の研究は、やはり筆を持たぬものには無理かという思いを強くしたことである。

ただ正倉院文書の筆者推定となると、先生にも目違いがあった。先の論文で自身告白されているのは、造東大寺司の役人志斐麻呂と安都雄足《あとのおたり》の筆蹟を最初混同されていたことである。これは執筆の過程で気づかれたので、一応の訂正を加えられているが、中にはそのままになったものもあり、後学によって正されている文書がある。先生の鋭い鑑識をもってしてもこうなのだから、筆者の推定にどこまで客観性があるかという疑念は常につきまとう。しかし不断の検証を加えつつ、やはりこうした研究は関心をもつ者の間で続けてゆくべきだろう。他の方法では得られない情報が、ここから得られるということがあるからである。

たとえば内藤氏が、造東大寺司の役人、上馬養《かみのうまかい》の筆とされた文書（図2－18）がある。これは「国分銘文刻版稿」と名付けられてきた文書で、その文面は、東大寺に伝来した聖武天皇勅書銅版（現在は正倉院宝物、図2－19）とほぼ一致する。むしろ文書の方には、一定の字数で文章を区切ろうとしたあとなどもあり、銅版に銘が刻まれる以前、字配りが確定していなかった段階の文章であることは確かだろう。「国分銘文刻版稿」という名称は明治以降の命名だが、的を得たものといえる（鈴木景二

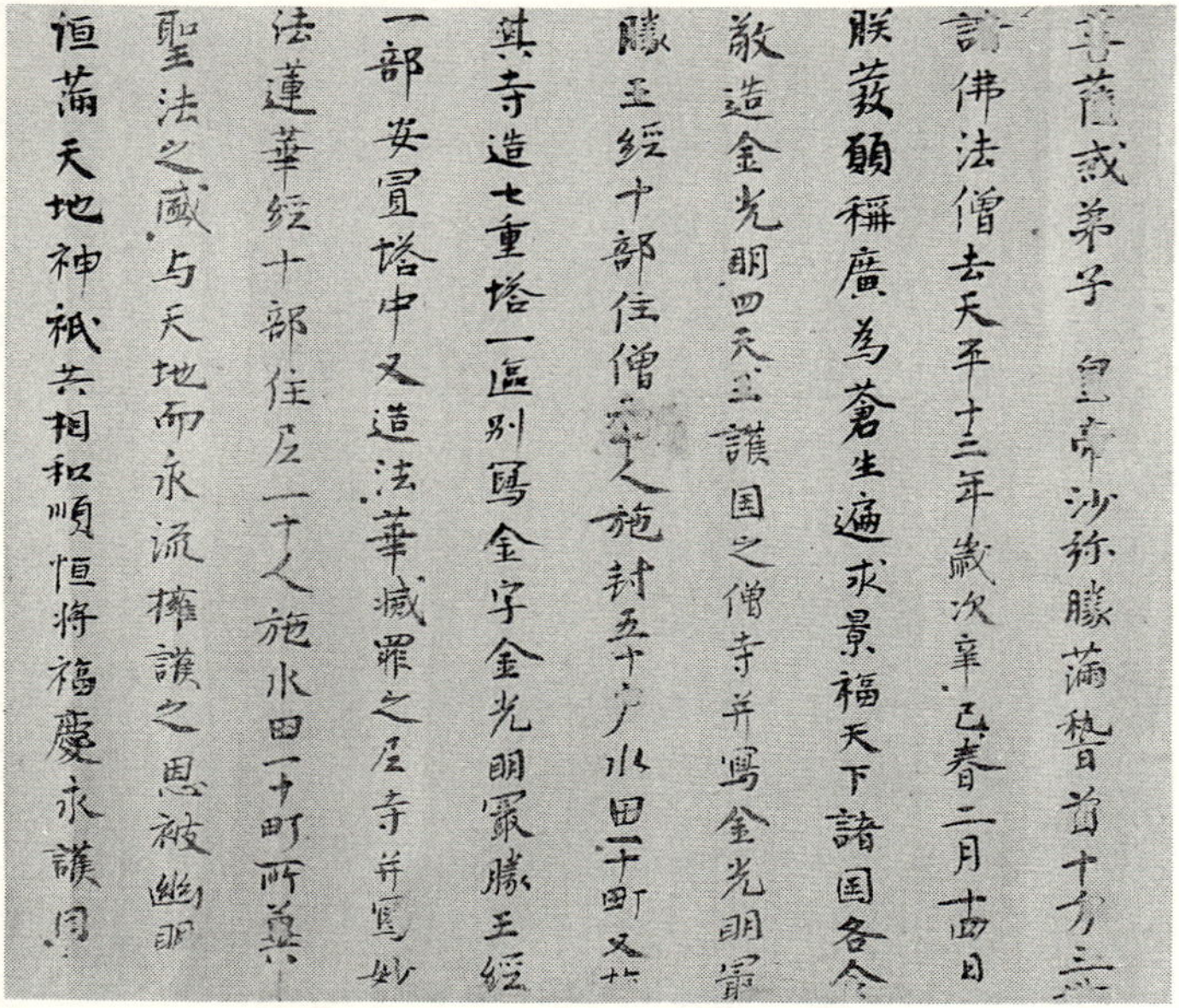

菩薩戒弟子　皇帝沙弥勝満稽首十方三
諸佛法僧去天平十三年歳次辛巳春二月十四日
朕發願稱廣為蒼生遍求景福天下諸国各令
敬造金光明四天王護国之僧寺并寫金光明最
勝王経十部住僧廿人施封五十戸水田一十町又於
其寺造七重塔一區別寫金字金光明最勝王経
一部安置塔中又造法華滅罪之尼寺并寫妙
法蓮華経十部住尼一十人施水田一十町所冀
聖法之盛与天地而永流擁護之恩被幽明
恒満天地神祇共相和順恒将福慶永護国

図2－18　聖武天皇勅書銅版銘文稿本（正倉院文書続修1巻）

「聖武天皇勅書銅板と東大寺」『奈良史学』五号、一九八七年）。

　ところでこの「刻版稿」の筆者がわかるということは、単にそれだけにとどまらない意義がある。というのは、銅版銘そのものについて、以前からとかくの議論があるからである。この銅版には表裏に刻銘があるが、一面には、聖武天皇の詔として、国分寺発願の趣旨にのっとり、金光明寺の塔が完成し、金字金光明最勝王経を安置する旨が記されており、もう片面には、これまた聖武天皇の勅として、東大寺に封戸五千戸と水田一万町を寄捨することが刻まれている。このうち裏面の銘が平安時代後期の偽銘であることは、研究者の間に異論がない。問題は表面の方で、この文には天平勝宝五年(七五三)正月という年紀が入っているにも拘らず、天平宝字四年(七六〇)以後でなければあるはずのない用語が使われている。そのためこの表面の銘も、平安時代に入ってから刻まれたものとみる学者もあった。もしそうだとすれば、時代が古いとはいえ、これも偽作であり、どれだけ史実を伝えているか疑わしいということにもなる。

図2-19　聖武天皇勅書銅版(拓影)

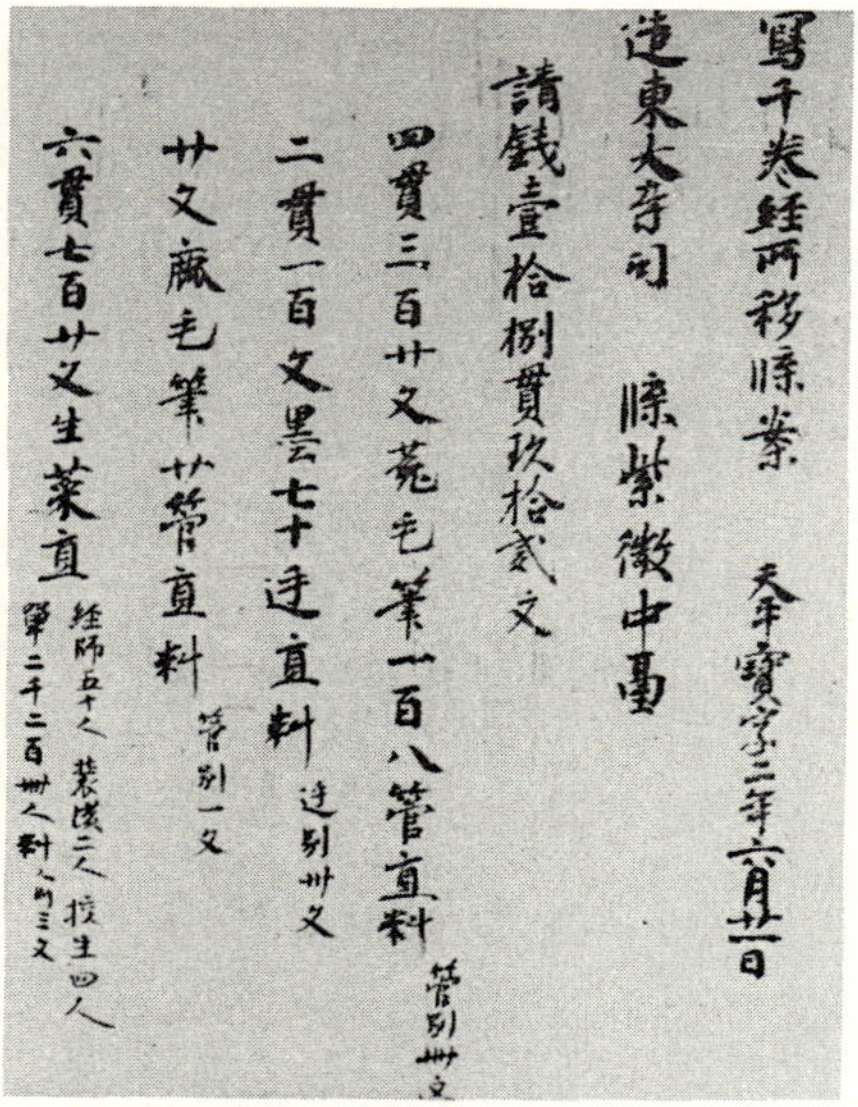

寫千巻経所移牒案　天平寶字二年六月廿日
造東大寺司　牒紫微中臺
請銭壹拾捌貫玖拾貳文
四貫三百廿文菟毛筆一百八管直料　管別卅文
二貫一百文墨七十廷直料　廷別卅文
廿文麻毛筆廿管直料　管別一文
六貫七百廿文生菜直　経師五十人　装潢二人　校生四人　單二千二百卅人料人別三文

図2－20　安都雄足の筆蹟（1）

図2－21　同（2）

図2－22　同（3）

そこで注目されるのが「刻版稿」である。この文書の筆者が上馬養だというのであれば、銅版表面の文は奈良時代のものであり、銅版そのものの作成年代もほぼ同時とみるのが穏当である。私は、「刻版稿」の筆蹟が奈良時代のものとする内藤氏の見方は正しいと思う。銅版銘の書も、暢達した毛彫で刻まれており、決してそう新しくはない。ただ「刻版稿」の筆者は内藤説の上馬養でなく、先にも名前を出した安都雄足とみるべきであろう。雄足が天平宝字年間に書いた文書には、「刻版稿」の書風とよく似た特徴を見せるものが少なくない。図2－20—22にその例をあげてみた。雄足は走り書きのようなメモから、謹直な清書まで、ヴァラエティーに富む数多くの書を正倉院文書に残しているが、「刻版稿」の書風は、その内でもかなり丁寧に書かれた例といえる。上馬養の筆蹟もこれに劣らず枚挙にいとまないほどだが、「刻版稿」の書とはかけ離れたもので、内藤氏の判定はやはり目違いという他ないように思われる。

銅版銘には「藤原氏先後太政大臣」という表現がみえ、これは藤原氏出身の太政大臣（いずれも没後の贈官）が複数になった、天平宝字四年（七六〇）以後でないとありえない言い回しである。また正倉院文書からは、東大寺の東塔が天平勝宝五年（七五三）ごろ、西塔が天平宝字八年ごろ竣工したこと、これに納める金字の金光明最勝王経は、天平勝宝六―七年ごろに装釘の行なわれたことがわかっている。おそらく銅版は金光明経や西塔の完成に合わせて用意されたもので、実際の製作は天平宝字末年ごろだったのであろう。「刻版稿」は、それに少し先立って安都雄足が用意したものとみえる。

こうなると随分疑いをかけられた勅書銅版も、東大寺完成の一齣を示す立派な史料として息を吹きかえしてくる。聖武天皇の詔勅の形をとることや、年紀と内容のくい違いなど、偽銘といえないこともないが、製作意図は世間をあざむくことにあったわけではあるまい。むしろどの金石文も、後世に残す記念の意味があり、そこに多少の嘘が含まれることは避けられないといってよい。すでに早く白楽天は、墓碑や徳政碑に偽りが多いことを、碑石に語らせる形で喝破している（「新楽府」青石）。

しかし古代金石文作成の内幕がこのように跡づけられる例は日本・中国を通じて稀有である。金石文の内容や日付、ひいてはその史料価値を考える上で、これは絶好のサンプルといってよい。しかもその価値を明らかにする鍵が、書風の比較にあったとなれば、書風研究の意義に改めて思いを致さざるを得ないであろう。

勅書銅版についての詳しい考察は、拙著『日本古代金石文の研究』(岩波書店、二〇〇四年)第二部第十章「聖武天皇勅書銅版」で試みている。あわせて参照していただきたい。

第三章　書と文字の周辺

1　法隆寺四天王光背の銘文

日本の書道史の最初を飾るのは、各種の銘文である。古代の銘文は現存数に限りがあり、有名なものが多いが、名品の影にかくれて、意外になおざりになっているものもある。法隆寺金堂に安置される四天王の光背銘なども、問題の残る銘文の一つであろう。

四天王の光背銘として江戸時代以来よく知られているのは、次の二つである。

〔広目天〕（図3－1）

山口大口費上而次

木閈二人作也

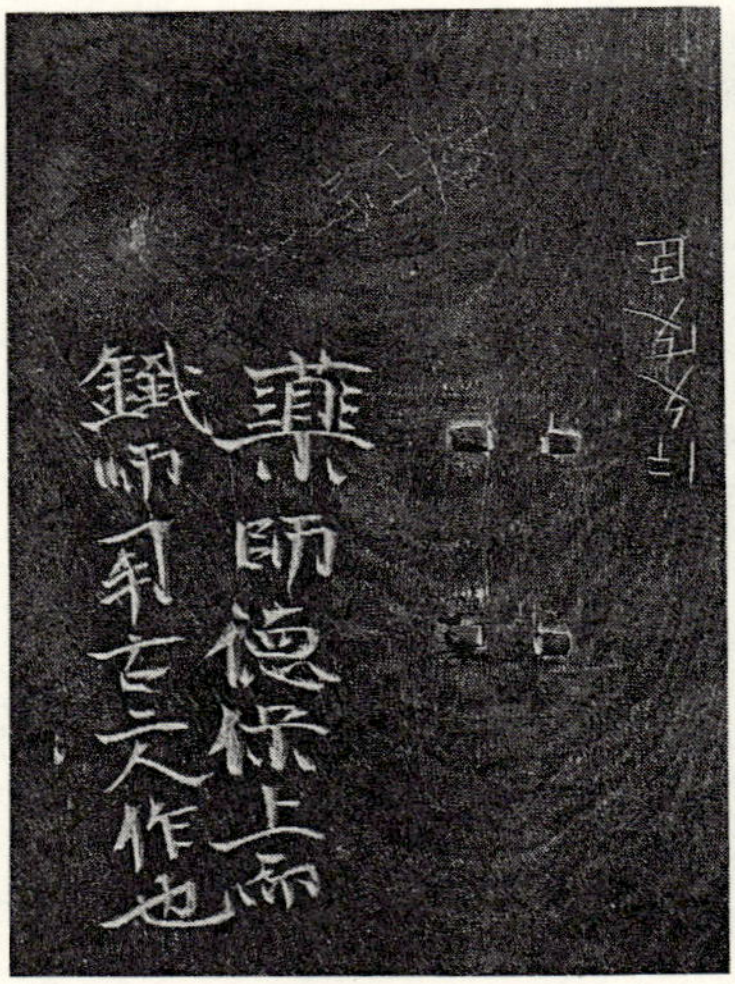

図3－2　多聞天光背銘

図3－1　広目天光背銘

〔多聞天〕（図3－2）

薬師徳保上而
鉄師手古二人作也

文意は、山口大口費《やまぐちのおおぐちのあたい》や薬師徳保《くすしのとくほ》の指揮のもと、木《こ》閈《まら》と手古《まらこ》が造像した、と解してよいであろう。一見、北魏時代の石刻を思わせる雄渾な書で、木に刻まれているということもあって、筆勢の力強さもよく出ている。

しかしこの銘があまりに立派なためか、同じ四天王の一体、持国天の光背に、別の銘があることは全く忘れられてきた。それは、

片文皮臣光

と読めそうな銘である（図3－3）。彫りは浅

く、広目天や多聞天の銘とは様子が違うが、書風からみてこれも古代のものであることはまちがいない。この銘は、古い拓本が『奈良六大寺大観』2（岩波書店、一九六八年）に紹介されて、はじめて存在が知られた。現在実物で確認できないとのことだが、明治時代の修理時の記録にも載せられているから（奈良国立文化財研究所『日本美術院彫刻等修理記録』Ⅳ、一九七八年）、塵を払えば出てくるに違いない。

実はこれと一連の銘文が、前にふれた広目天・多聞天の光背にもあって、そちらは従来から注目した人がある。それは左のような銘である。

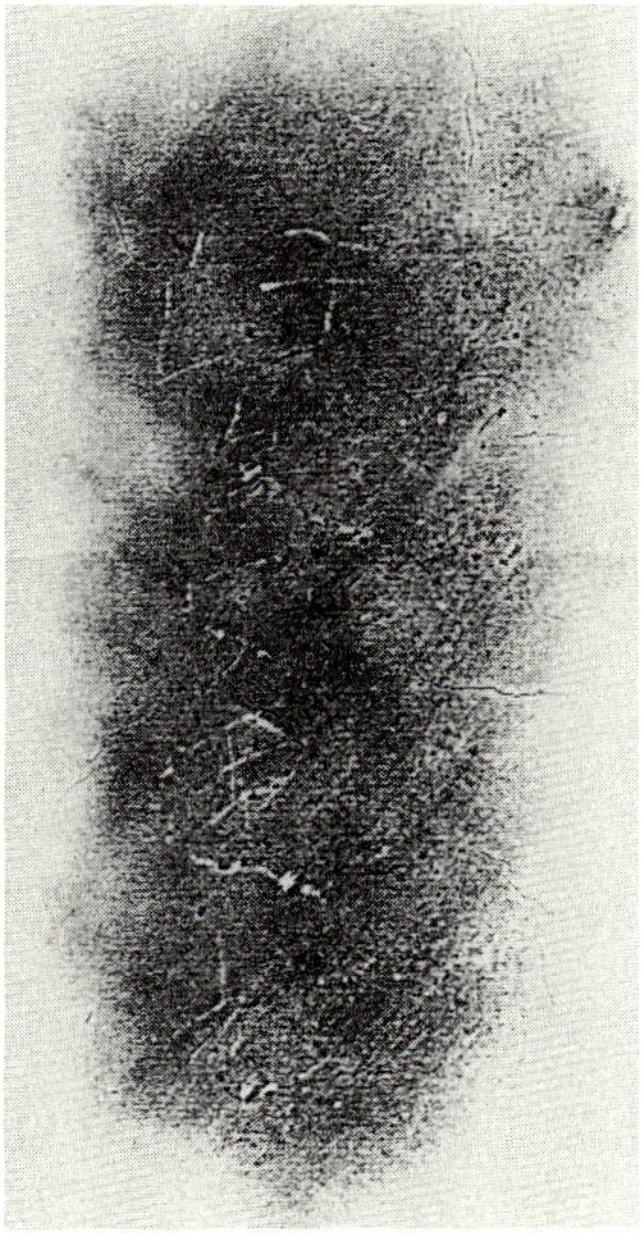

図3－3　持国天光背銘

〔広目天〕
筆
〔多聞天〕
片文皮臣
薬師光

これらを図版にのせた書物もないことはない。ただ最初にあげた銘にくらべ見映えがしないので、書道全集などではカットされている場合が多い。持国天の「片文皮臣光」といい、多聞天の「薬師光」といい、針書き様の浅い銘で、文章にもなっていないのであるから、無視されるのもやむをえないことではあろう。

しかしこれらの銘も、重要な事実を秘めている。まず広目天の「筆」であるが、広目天は書巻と筆をもつのが決まりで、法隆寺の像でもそうなっている。「筆」は、広目天の持物をさしたもので、この光背が広目天用であることを示す符牒に相違ない。また多聞天光背の「薬師光」は、薬師徳保製作分の光背という意味であろう。こうみてくると、これらの銘も四天王像の製作と深く結びついたものであることがわかる。では持国天と多聞天の銘に共通する「片文皮臣」とは何であろうか。それを知るためには、まず文字そのものを正確に読む必要がある。

あらためて銘をながめてみよう。四字目は「臣」にまちがいない。三字目は「支」と読む説もあるが、「皮」の第一画がみえるので明らかに「皮」である。問題は一字目、二字目であろう。一字目は「片」のようでもあるが、持国天の銘では第一画の末尾が撥ねられているから、これは三水偏であろう。旁の方は三画の字で「干」または「于」か。二字目は「文」でもよいが、古代では「久」の末画がしばしば第二画と交差して書かれる。この字はむしろ「久」と読んだ方がいいかも知れない。結論として「汗文皮臣」とか「汙久皮臣」というような読み方ができそうである。

そこで思いうかぶのは、『日本書紀』欽明天皇五年(五四四)三月の条に出てくる「烏胡跛臣」という人名である。これはウコハのオミと読み、的臣《いくはのおみ》の古い表記である。銘文の文字も「汙久皮臣」とみて、やはり的臣をあらわすとするのが一番妥当であろう。「久」は、正倉院伎楽面の銘に「太孤」を「太久」と書いた例があるとおり、コの音を持つし、「皮」の付く字は、古い字音でハと読まれる。「汙久皮」はウコハまたはウクハでおかしくないわけである。他の銘が造像と関わり深いことは前にふれたが、「汙久皮臣光」も的臣製作分の光背という意味で、的臣某もこの四天王の造立に参加したのであろう。

的臣は宮廷護衛を職とした名高い武門の家柄である。その氏人が守護神たる四天王の製作に関係しているのは、偶然でないかも知れない。

光背銘については、詳しくは拙稿「法隆寺金堂四天王の光背銘」(『日本古代金石文の研究』岩波書店、二〇〇四年)を参照されたい。

2　東大寺大仏の造立と木簡

木簡の発見も、近年はありふれた出来事になったが、一九八八年三月、各新聞紙上で大きくとりあげられたものに、東大寺大仏殿の近くから出た二〇〇点を超す木簡がある。

これらの木簡は、一定量の銅に付けられたとみられる札や(図3-4)、溶銅用の「竈」「釜」に関する木簡など、直接大仏鋳造に関わるらしいものがある点に、重要な意味がある。残念なことに年紀のあるものは見当たらないが、遺物の埋没状況からすると、奈良時代、大仏が造られていたときのものとみてよいということである(東大寺・橿原考古学研究所「東大寺大仏殿西廻廊隣接地の発掘調査」一九八八年)。

ただ大仏鋳造そのものについて、木簡からわかる新事実はあまりない。多くの溶銅用の竈があったらしいこと、上質の銅一万一千斤余りを、「宮」（おそらく皇后ないし皇太后だった光明子）が提供していること、などが知られる程度である。書かれた情報が断片的なのは木簡の宿命であって、今回の木簡も、大仏鋳造の経過を伝える『延暦僧録』や『東大寺要録』『七大寺巡礼私記』などの記述とあいまって、はじめて生きてくるといわなければならない。

しかし大仏造営の周辺に目を向ければ、木簡からはじめて明らかになることがらもある。たとえば、左のような「薬院」についての木簡がそれである。

（表）薬院依仕奉人　大伴部鳥上　入正月□□（五日カ）　肥後国菊地郡□（子カ）養郷人
　　　　　　　　　　大伴部稲依　入正月五日

（裏）悲田院悲□（回カ）院　充大□不□末□□

図3－4　東大寺大仏殿西廻廊隣接地出土木簡

これは今回の木簡中でも注目をひいた一枚だが、表の方は「薬院によりて仕え奉る人」と読むのであろう。あるいは「依」は単なる借訓字で、「薬院より」と読ませるつもりかも知れない。いずれにしても「薬院から(派遣されて)仕える人」という意味で、薬院所属の大伴部鳥上や大伴部稲依が、大仏鋳造の場に入るときの通行証か、二人の勤務をチェックするための札であろう。これでみると、少なくとも鳥上は、肥後国菊地郡子養郷(現在の熊本県菊池郡七城町五海)の出身だったらしい。「薬院」は、すでにいわれているとおり、施薬院とみてよい。施薬院は、その字が示すように治療のための施設で、天平二年(七三〇)に皇后宮職(光明皇后の家政機関)に置かれた(『続日本紀』)。それ以外に興福寺や四天王寺にあったという。

ところで施薬院という施設は、平安時代前期にも官置されていたが、『延喜式』(式部上)の古訓によると、その読みは「ヤクイン」だった。『延喜式』の古訓は、稀に「師不読」(師、読まず)という注記があることからもわかるように、古代の法学者の読みが伝えられているとみてよい。「ヤクイン」は古くからの読みで、施薬院は口頭ではヤクインと呼ばれていたのだろう。木簡の「薬院」は、この通称をそのまま文字にしたと考えられる(『続日本紀』の天平宝字二年八月の記事にみえる「薬院」は、文章を四字・六字に揃えるため「施」を省いたもので、性格が異なる)。この木簡の裏面は落書らしいが、「悲田」云々は施薬院に併設されていた悲田院と関係があろう。悲田院は、貧者や身寄りのない人を収容する施設である。

施薬院から大仏鋳造の現場に人が派遣されていたことは、興味深い問題をはらんでいる。残存史料が少ないとはいえ、他の寺の造営事業に施薬院からの援助があった例は見あたらない。大仏の造立が、いかに大きな犠牲をともなう難事業だったかを示すものといえよう。大仏造立は、最初光明子が聖武天皇に勧めたと伝えられているし、時の権力者藤原仲麻呂（光明子の甥）は、東大寺造営の推進者だった。皇后や藤原氏に縁故の深い、皇后宮職ないし興福寺の施薬院が、この事業に参加したのもうなずける。

しかも大仏の造立は、他の造営工事と違い、多数の病人を出す条件を備えていた。大仏の金メッキに多量の水銀が使われたからである。当時の金メッキは、金を溶かしこんだ水銀を像全体に塗り、加熱して水銀だけを除くという方法をとった。大仏のことだから、水銀の使用量も莫大で、当然多くの水銀中毒患者が出ただろうと推定されている。大仏造立にともなう、こうした特殊事情も、施薬院の出動を必要とさせた原因だったのかも知れない。もしこういう見方が当たっているなら、これらの木簡には、大仏の補鋳と並行してメッキ作業が行なわれた天平勝宝四年―九歳（七五二―七五七）ごろのものが含まれているということになる。

薬院の木簡ほどではないが、左のような智識銭の付札（図3－5）が出ているのも見逃すことができない。

（表）主□《（水カ）》智識
（裏）銭二百文

この札は、紐でしばるよう上部に切り欠きがある。大仏造営では、全国民の助力と結縁を期待して、智識（財貨、労力の寄進提供）行為が奨励された（智識は知識とも書かれる）。高額の寄進者は『続日本紀』や『東大寺要録』にも名がみえる。また正倉院には、集まった智識銭の計算書類も一部残っている（『大日本古文書』25）。この札の表面二字目はこれまで読まれていないが、おそらく「水」の崩し字

図3－5　東大寺大仏殿西廻廊隣接地出土木簡

で、「主水」(宮内省所属の主水司か春宮坊所属の主水監)の役人たちが差出した智識銭の付札と考えられる。この札は、現場に届いた智識銭が支出されるときにはずされ、捨てられたのだろう。奈良時代末に造営された官立の尼寺、西隆寺の遺跡(奈良市西大寺)からも、役所や役人から出された「智識銭」の付札が、まとまって発見されており、とくに珍しいとはいえないが、智識による造像が力説された東大寺の実例として、この札の出現は意義深い。郡司の名を記した、

□□□出雲国大

大原郡佐世郷郡司勝部□(屋カ)智麻呂

のような木簡も、従来知られている寄進者に地方豪族が少なくないことを考えると、智識物に関するものと考えるべきであろう。

3 「施行」された書物

本が氾濫し、本と印刷物の差もあいまいになりつつある昨今、法律でもないのに本を「施行」するなどというのは、何とも現実離れした印象をぬぐえない。しかし本に書かれた知識・学問に権威があり、少数の人々に独占されていた時代には、実際にあった話である。

「施行」はシギョウと読み、もっぱら中国の書物について、これは日本では施行された書であるとか、未施行の書である、というように使われた。

この事実に本格的に注目したのは、太田晶二郎氏が最初ではないかと思う。太田氏は、中国の書物の受容について、数々の精細な研究を発表された方だが、「施行」についてもいろいろな文献を博捜し、平安時代末期から中世にかけて、渡来した中国書は「施行」されることによって官許公認される仕組みになっていたことを明らかにされた(「漢籍の施行」一九四九年初出、『太田晶二郎著作集』1、吉川弘文館、一九九一年)。太田氏が集められた史料の中に、たとえばこんな話がある。

寿永三年(一一八四)、次の元号を定めるときに、十世紀の半ばに宋で編まれた大百科事典『太平御覧』に基づいて、新しい元号案を出したものがあったが、それについては「この書物は未施行ではないか。だから不適当だ」としりぞけられたという(『姉言記』)。また同じ『太平御覧』に関して、これを買い入れた藤原師継という公卿が、自分の日記(『妙槐記』)に、「まだ施行されていない本だが、近年これを翫《もてあそ》ぶことが行なわれている」と記している。

施行の書であるかどうかが、朝議で却下される理由になるくらいであるから、これが公的な制度だったことは間違いない。しかしその起源や手続きとなると、よくわからないのが実情である。「これこれの本を施行する」というような法令でもまとまって残っていれば好都合なのであるが、それはみられない。太田氏は、古代以来、教科書を指定したり、ある書物の所蔵や学習を義務づけたりする命令が出されているのに注目し、これらが広く「施行」とされたのであろうと解釈された。おおむねそう考えてよいと思う。一つ二つ実例をあげると、天平宝字元年(七五七)には、全国の家ごとに『孝経』を一本所蔵するように、という勅が出ているし、同三年には、官吏登用の条件として、律令格式か『維城典訓』という中国書を学んでいることを指定している。

こういうものが「施行」の実例だったとすると、渡来書のすべてが判定の対象になったとはいえない。未施行の書は、中国書の舶載が盛んになれば、増えてゆく道理であろう。いま残っている「施行」についての直接の史料は、中世以降のものが多いが、実際には渡来書の少なかった古代にこそ、この制度はより大きな意味を持ったのではなかったか。

そもそも本を「施行」するということ自体、古代に中国から伝わったと考えられる。すでに太田氏は、唐の玄宗皇帝の注釈した『御注孝経』が、臣下の奏言をうけて元行冲の疏《そ》と合わせ「施行」されたことを指摘されている(『御注孝経』序)。それは七二二年(開元十)のことだったが、これと似たことはもっと古くからあったとみてよい。

さしあたり思いうかぶのは、唐の太宗の命令である。太宗は、『遺教経』という仏典について、六三九年(貞観十三)に次のような勅を出している(『文館詞林』巻六九三佚文)。

勅旨。(中略)遺教経は、是れ仏、涅槃《ねはん》に臨みて説く所、弟子を戒勒《かいろく》すること、甚だ詳要たり。末俗の緇素《しそ》、並びに崇奉せず、大道将《まさ》に隠れむとし、微言且《まさ》に絶えむとす。永く聖教を懐《おも》い、用《もっ》て弘く闡《ひろ》めむと思う。宜しく所司をして書手十人を差し、多く経本を写さしめ、務めてことごとく施行すべし。須《もち》いむ所の紙筆墨等、有司準《はか》りて給え。其の京官五品已上、及び諸州の勅(刺)史は、各一巻を付《さず》く。(下略。原文は漢文)

『遺教経』は、釈迦の遺言を記したという経典で、わずか一巻のコンパクトな書である。しかし、そこに説かれた釈迦の戒めは、懇切で要をうがっている。信仰の地に落ちた末代の僧尼や俗人たちに、うってつけとみた太宗は、字書き十人を指名し官給の筆記具を使って、複本を広く天下に流布させようと考えた。五品以上の中央貴族や各州の長官には、一本を与えるというおまけまでついている。書物を「施行」するとは、まさにこういうことをいうのであろう。

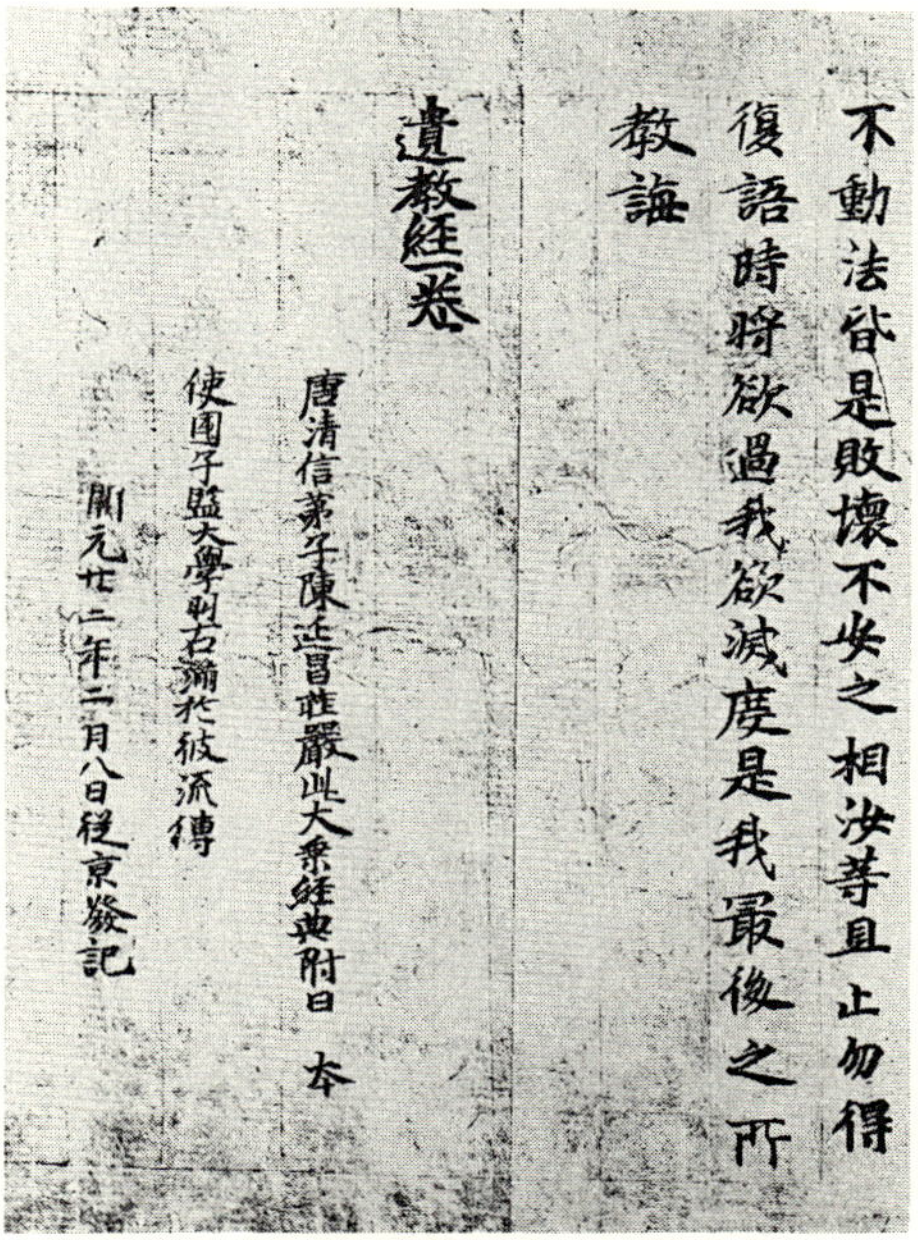
不動法皆是敗壞不安之相汝等且止勿得
復語時將欲過我欲滅度是我最後之所
教誨
遺教經一巻
唐清信弟子陳延昌莊嚴此大乗經典附日本
使國子監大學朋古滿於彼流傳
開元廿二年二月八日從京發記

図3－6　遺教経奥書

興味深いのは、この勅の効果が、古代の日本にまで届いたらしいことである。『遺教経』の日本での遺品として有名なものに、滋賀県石山寺所蔵の一本があり、それには末尾に奥書がついている（図3－6）。

唐の清信弟子、陳延昌、此の大乗経典を荘厳《しょうごん》し、日本使・国子監大学の朋古満に附《さず》け、

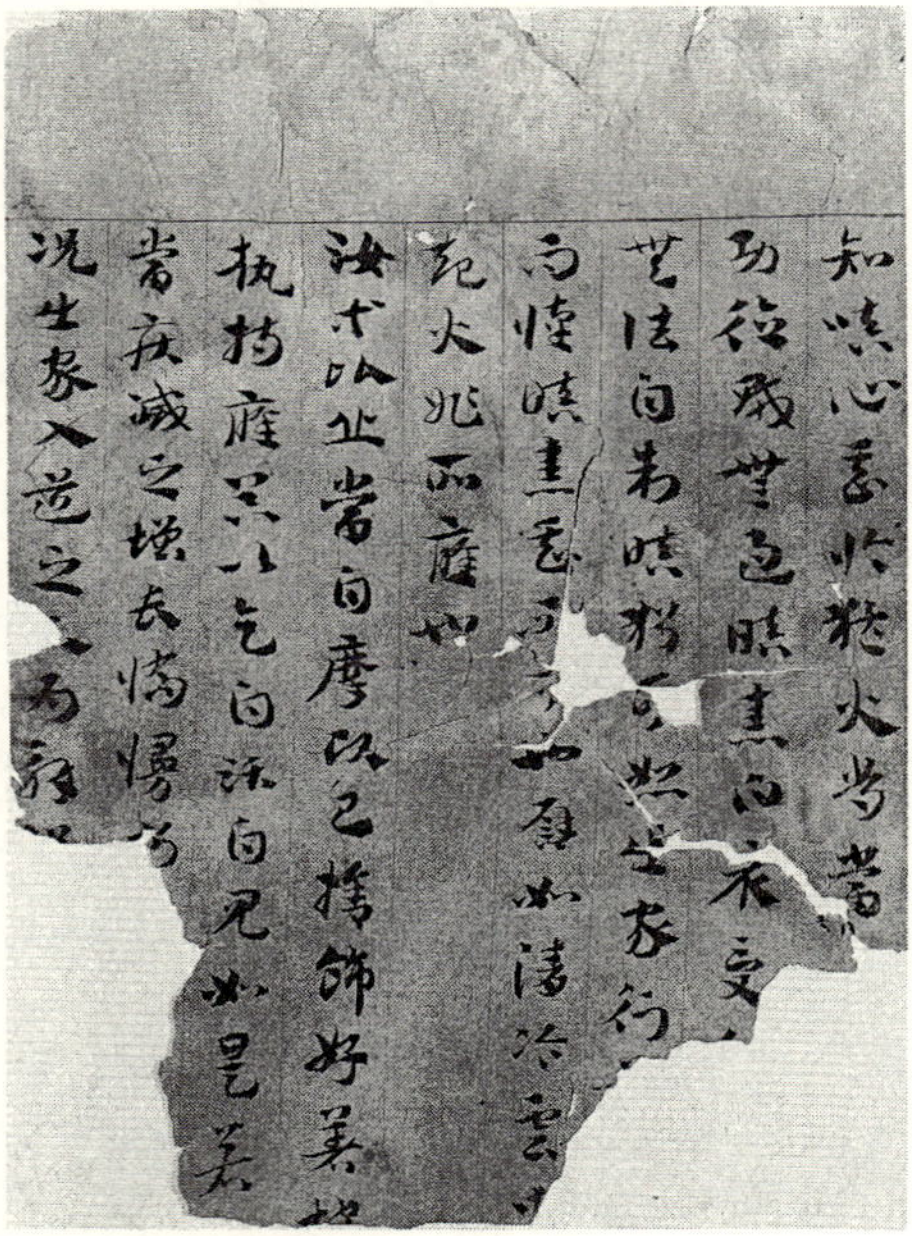

図3-7　遺教経（トルファン本）（部分）

彼《そこ》に流伝せしむ。

開元二十二年二月八日、京より発《た》つと記す。

（原文は漢文）

開元二十二年は西暦七三四年、日本では天平六年に当たる。前年には多治比真人広成を大使とする遣唐使が派遣されており、その一行に、この「朋古満」が加わっていたのである。古代史家の青木和夫氏は、これが大伴古麻呂という人物であって、それを中国風に三字名にしたのが「朋古満」であることを明らかにされている（中央公論社『日本の歴史』三、一九六五年）。古麻呂は後年遣唐副使として再び入唐し、唐朝の禁制を犯して、鑑真を日本へ連れ出すのに活躍することになった。このときは「国子監大学」とあるから、大学寮の役人だったと考えられるが、陳延昌という唐人から、長安を出発するにあたって、日本に流布させるべく、この『遺教経』を託されたということになる。青木氏のいわれるように、すでにこのころから、古麻呂は仏教に深い理解を寄せていたとみてよいであろう。この経巻は、平安初期の転写本とはいえ、日唐の交流史上記念すべき一巻なのである。

しかしここに一つの疑問がおこる。他の経ではなく、なぜ『遺教経』が託されたのか。ヴォリュームが少なく、有名な経典だからともいえようが、それだけに日本にも早く伝わっていた。正倉院の古文書によると、この遺唐使の帰還前、日本の写経所ではすでにこの経が写されている。遣唐使がとくに入手しなければならないような経典ではなかったといえよう。陳延昌が『遺教経』を選んで託したのは、やはり先の「施行」の勅に影響されたからではなかろうか。『遺教経』の遺品といえば、西域トルファンからも、秀麗な草書で書写された八世紀前半の残巻が見つかっている（図3-7）。草書の経典というのは極めて珍しく、調度または手本的な意味があるとしなければならないが、こうした特殊な写本ができた背景にも、「施行」の勅の影響があるとみるのは考えすぎであろうか。

さきに書いたように、後代になると「施行」の有無は、その本の公的な価値を判断する基準となった。それというのも、「施行」が本来書物を推薦し、指定する行為だったからであろう。多分に権威主義的で気まぐれなものではあったが、この趣旨からすれば、「施行」は書評行為のはしりといえるかも知れない。

『遺教経』の舶載をめぐる問題については、拙著『遣唐使と正倉院』（岩波書店、一九九二年）七六頁でもふれた。

4 藤原夫人願経の「内親郡主」

古写経を抜きにして、古代の書は語れない。とくに奥書のある写経は、基準資料として貴重である。しかし奥書がしばしば話題になるわりに、その内容への関心は薄いように思われる。写経の奥書といえば、古代史にとっても重要な史料のはずだが、古代史畑でも内容が十分研究されているとはいえないのではないか。また奥書の文章は一個の漢文学作品といっていいものすらあるが、そういう方面の本格的研究となると、いまもって神田喜一郎博士の「神護景雲経跋語攷釈」(一九三九年初出、『神田喜一郎全集』8、同朋舎出版、一九八七年)などに指を屈さねばならない。

最近私は、写経奥書にふれた小文を別に書く機会があり、改めて研究の余地の多いことを実感した(「北家と北宮」『日本歴史』五一二号、一九九一年)。私がそこでとりあげたのは、天平十二年(七四〇)の

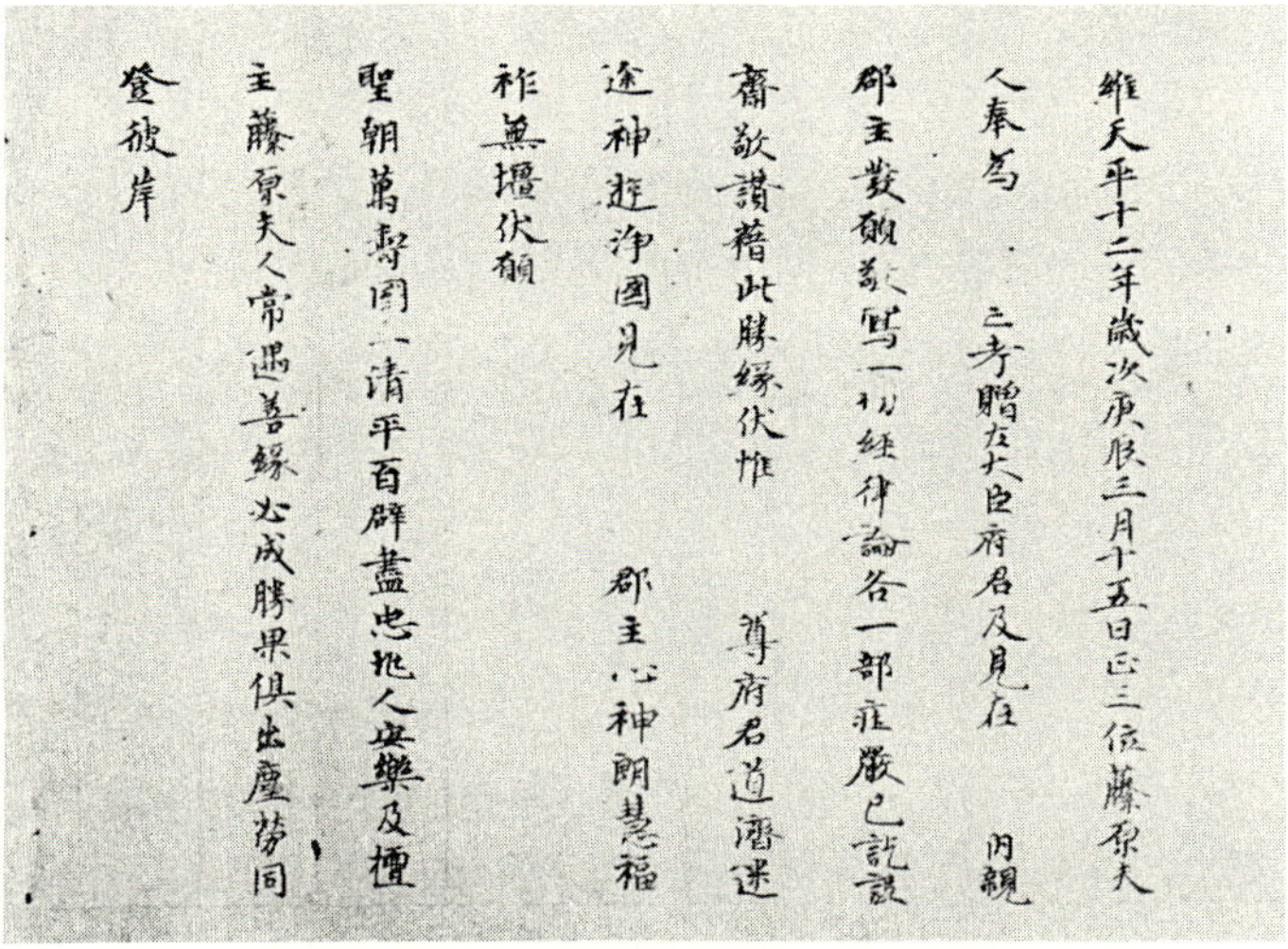

維天平十二年歳次庚辰三月十五日正三位藤原夫
人奉為　亡考贈左大臣府君及見在　内親
郡主敬發願敬寫一切経律論各一部荘厳已訖設
齋敬讃藉此勝縁伏惟　尊府君道濟迷
途神遊浄國見在　郡主心神朗慧福
祚無疆伏願
聖朝萬壽國土清平百辟盡忠兆人安樂及檀
主藤原夫人常遇善縁必成勝果倶出塵勞同
登彼岸

図3－8　藤原夫人願経奥書

年紀をもつ藤原夫人願経の奥書である（図3－8）。

維れ天平十二年歳次庚辰三月十五日、正三位藤原夫人、亡考贈左大臣府君及び見在内親郡主の奉為《おおんため》に発願して、敬んで一切経律論各一部を写し、荘厳已に訖わり、斎を設け敬讃す。此の勝縁に藉《よ》り、伏して惟《おもんみ》るに尊府君、道は迷途より済われ、神は浄国に遊び、見在郡主、心神朗慧にして、福祚無疆ならむことを。（下略）

これをみるとこの写経は、天平九年に没した藤原房前（贈左大臣）のために、その娘の藤原夫人が発願したものとわかる。そのための一連の写経は、現存数こそ多くないが、藤原夫人願経として名高い。しかしこの有名な奥書にも、まだ不明確な個所が残っている。文中の「内親郡主」は誰なのかという問題である。

この写経の背景をやや詳しく考察した研究としては、中井真孝氏の「天平貴族の写経」(一九八一年初出、『行基と古代仏教』永田文昌堂、一九九一年)が唯一の仕事といってよいが、その中で中井氏は、内親郡主を藤原夫人所生の内親王ではないかとされている。さきの拙稿では、中井氏が「内親郡主」を藤原房前夫人に当てておられるように書いたが、それは私の思いこみからくる誤りだった。それはともかく聖武天皇の室であった藤原夫人に、正史には漏れた内親王がいたとしてもおかしくない。ありうべき想定といえよう。ただ内親郡主を内親王と解するのは、どうも釈然としないところがある。

まず奥書には、「見在内親郡主」とか「見在郡主」とある。我が子の内親王をさして、わざわざ「見在」(現に生存する)と言う必要があるだろうか。この「見在」は「亡考」に対応するもので、「房前が亡くなったにも拘らず、なお存命の」という意味があるように思える。

そこで「郡主」であるが、郡主は唐の制度では皇太子の娘をさす。これに対して皇帝の娘は公主、王(皇帝の子息)の娘は県主である。当時の日本に当てはめて考えてみると、藤原夫人の娘は、当然「公主」ということになるはずである。皇女のことを中国風に飾って「公主」といった例は、すでに推古天皇三十年(六二二)に作られたといわれる天寿国繡帳にあるから、この場合も公主とあるのが自然だろう。しかしそうかといって、唐の郡主に相当する女性が当時他に存在した形跡はない。神亀五年（七一八）に死んだ皇太子は、数え年わずか二歳だったからである。これより先には、皇太子のまま持統天皇三年（六八九）に病没した草壁皇子があるが、その息子が文武天皇となったので、皇女も内親王になっていた。

そうなると郡主についても、唐と違う意味で使われていると考えざるをえない。おそらく郡主は、天皇の孫以下の世代に当たる女王のことだろう。日本で県主の称が使われなかったのは、アガタヌシとの混同を嫌ったものと思う。この奥書以外に日本の古代には、もう一つ郡主の出てくる史料がある。有名な薬師寺の仏足石の銘文である。この銘文は天平勝宝五年（七五三）に、文室真人智努が仏足石を造立したとき刻ませたものだが、その文中に文室智努の夫人として「茨田郡主」が登場する。この女性は、『続日本紀』に叙位記事のみえる茨田女王と同一人だというのが通説である。当時の諸史料にも、茨田と名乗る内親王は現れないから、その可能性は極めて高いといわなければならない。日本の古代では、「郡主」は女王を意味したとみてまず間違いないだろう。

房前と密接な関係にあった女王といえば、房前の夫人、牟漏女王が思いうかぶ。この女王は、美努王と県犬養三千代の間に生まれ、房前の亡くなった時、従四位下の地位にあった。藤原夫人はその娘であり、他に永手・真楯・御楯らの男子も生んでいる。この人なら未亡人として「見在」「郡主」という呼び方がぴったりである。

ただ問題はもう一つある。実はこれまでも、証明ぬきで「内親郡主」を牟漏女王とした説が全くないわけではなかった（京都国立博物館『古経図録』一九六四年）。しかしそれが一般化していないのは、「郡主」の意味もさることながら、「内親」の語にひっかかるところがあったからではないだろうか。「内親郡主」とくれば、内親王との関わりを考えたくなるのが人情である。「内親」について、私も確かな答を持ち合わせているわけではない。しかしこれはやはり母を表わす言葉と思う。もともと「内」という漢字には、「女性の」という意味がある。親王に対する内親王など、まさにその好例である。それを応用すれば「内親」は母親ということになり、「見在内親郡主」と「亡考贈左大臣府君」はみごとに対をなしてくる。奥書はそういう意図で書かれていると理解すべきなのだろう。

中井真孝氏は、房前亡きあとの藤原北家は、藤原夫人をもりたて幼少の後嗣ぎの成長を見守る牟漏女王によって支えられた、とされている。房前の冥福を祈る一方、その女王の健在を祈念したのが、この一切経だったといえそうである。

5　光覚知識経の奥書

古代の書には無名の人の書いたものが多い。奈良朝を中心に多数の遺品が残る写経も、写経生の名さえわからないのが大半である。しかし奈良朝の書は、写経を抜きにして語ることはできないであろう。それほど名品が多いこともまた事実である。

奈良朝写経は、内容的にみても後代とは違う特徴がある。平安時代以後の写経は、浄土三部経、法華経、大般若経がほとんどで、種類は大体決まっている。これに対して奈良時代では、あまりなじみのない経典が多く書写されている。とくに論や疏など、仏典の研究書や注釈書が大量にあるのは、後代にない特色といってよい。

これは奈良時代の仏教が、多分に学問としての性質を備えていたことと無関係ではない。写経それ自体が信仰の意味を含んでいたことも事実であるが、それとならび仏教研究の基礎資料として経典やその注釈を写すことが行なわれたのである。奈良朝写経が、経典の種類の上でヴァラエティーに富んでいるのも、一つには一切経の片割れが含まれていることによろう。一切経とは、いうまでもなく仏典の全集であるが、奈良の大寺には研究の資料として、一切経が備えられていた。

しかし一切経の書写は、単に勉学のためだけでなく、写経の功徳を期待しても行なわれた。写経を仏教的作善の一つとみた場合、一切経を書写することは、当然その最たるものということになる。一切経は全部で五千巻以上にも達するから、その書写に要する費用も並大抵ではなく、多くは官の大寺や貴族の発願にかかる。しかし中には、知識といって、信仰集団を結び財を出し合って写された民間の写経もあった。

その例として古来有名なものの一つに、光覚という僧を願主として書写された、いわゆる光覚知識一切経がある。この経は奈良朝写経の中でも特異な性格をもつ写経である。この知識経で現存するのは二〇巻あまり、奥書だけ伝わるものも四巻を数えるが、それらの奥書を通覧すると一五〇名近い知識名を拾うことができる。その内訳は、僧、沙弥、優婆塞、優婆夷の他、菩薩号を名乗る修行者、カバネをもつ豪族から毛人《えみし》まで、極めて広い範囲に及ぶ。女性が少なくないのも、この知識経の特徴だろう。しかもこれだけの人数が名を連ねながら、光覚をはじめとして、経歴のわかる人は稀である。

このように謎の多い写経だが、発願動機もあまりはっきりしない。奥書には天平宝字五年(七六一)

九月から、同六年十月の日付が入っており、「皇帝后の奉為《おおんため》」という理由の明記された巻もかなりある(図3－9)。しかしこの「皇帝后」が難物なのである。普通行なわれているのは、皇帝＝淳仁天皇とみ、后をその妻、粟田諸姉《あわたのもろあね》とする見解である。しかし「后」とある以上、皇后に冊立されなかった粟田諸姉であるはずはなく、この解釈は否定される。もう一つの解釈は、皇帝后を「皇帝の后」と読んで、皇帝は聖武天皇、后はその皇后と考え、皇帝后は結局光明子をさすのだとする説である。ただ「皇帝后」という称号は他に見あたらず、どうも落ちつかない。それに天平宝字五年(七六一)の時点で光明子を呼ぶのなら、「皇太后」といえば済むことである。その点この解釈にも疑問が残る。

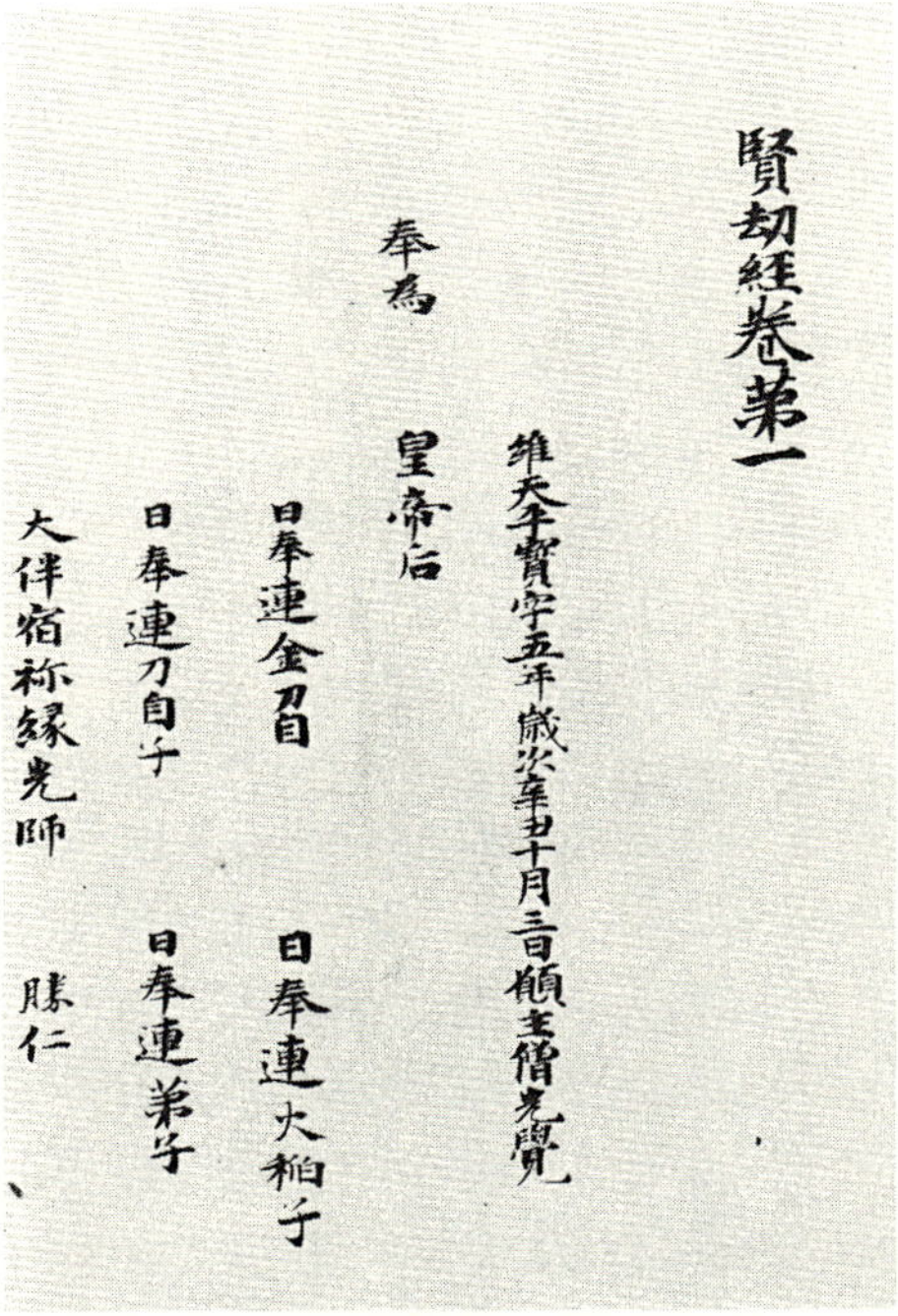
賢刧経巻第一
維天平寶字五年歳次辛丑十月三日願主僧光覺
奉為　皇帝后
日奉連金刀自　日奉連大稲子
日奉連刀自子　日奉連弟子
大伴宿祢縁光師　勝仁

図3－9　光覚知識経奥書(部分)

私は、この「皇帝后」はオウダイコウと読むのが正しく、とりもなおさず皇太后のことだろうと考えている。古代に

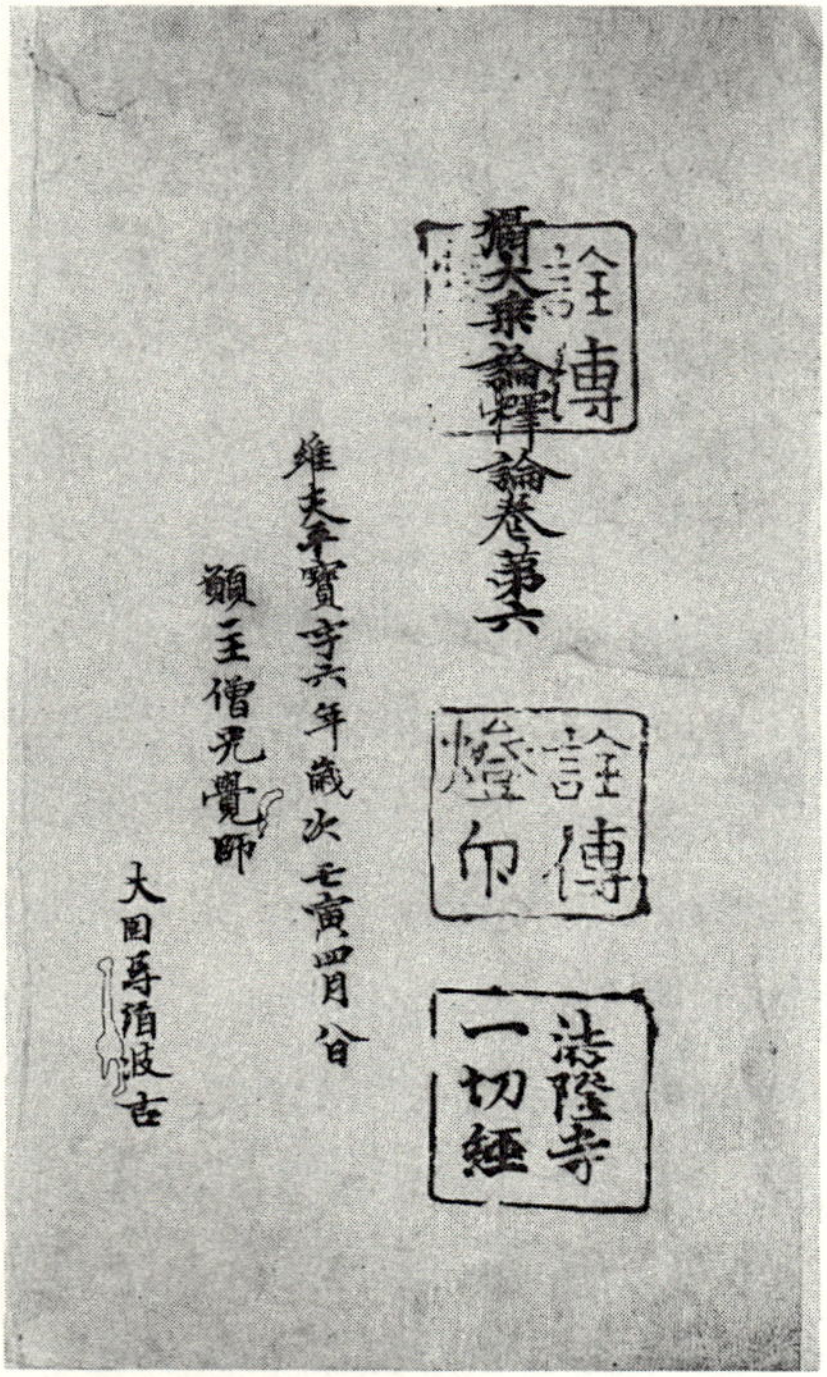

図3－10　光覚知識経奥書（『摽有梅』第三冊）

は一般に呉音による読みが行なわれていたから、「皇帝」はオウダイだった。「天皇」をテンノウというのも古い言い方を伝えたものである。「皇太后」もオウダイコウで、その音は「皇帝后」と書いても同じといえよう。実際に正倉院の古文書の中には、「太上天皇」のことを「帝上天皇」と書いた例がある（佐佐木信綱・橋本進吉『南京遺芳』第三〇図）。光明皇太后は、天平宝字四年六月になくなっている。「皇帝后」はこの光明子を指し、これが光明皇太后の追善をきっかけに計画された写経であることは、まず確実だろう。

この一切経は、はじめいずれかの寺に安置されたのであろうが、のち散佚して法隆寺一切経の中に吸収された。しかしそれも今日ではまとまって存しない。おそらくその僚巻は今後も新たにでてくることだろう。

経巻そのものではないが、私も従来知られていない奥書を一つ見出している（図3－10）。江戸時代に原本から影写され、現在は『摽有梅』という貼交ぜ帖に貼り込まれているものである。原本の筆致を伝える優れた影写で、印影も原寸に写されている。ここに知識として現れる大国忌寸須波古は無名の人だが、『類聚国史』には、延暦十九年（八〇〇）に還俗した摂津国西成郡の大国忌寸木主という人物が出てくる。須波古もその同族で、摂津国の中小豪族だったと考えてよいだろう。

関連する拙稿に「古文書・古写経・木簡」（『水茎』七号、一九八九年）、「光覚知識経の「皇帝后」」（『日本古代史料学』岩波書店、二〇〇五年）がある。

6　正倉院文書の流転

我々からみると何でもないことだが、紙に書かれた一三〇〇年前の書蹟が、よい保存状態でみられるというのは、世界的にみてもそうあることではない。これは奈良の古寺院がその寺宝を守り伝えてきたことによるところが大きい。とりわけ正倉院の存在を見逃すことはできないであろう。正倉院というと、すぐに勅封の権威が言われるが、少なくとも近世までは、事実上、東大寺の管理下にあったわけで、大仏に対する信仰と、それを背景にした東大寺の宗教的、世俗的な権威によって守られてきたといった方が正しいだろう。

正倉院宝物をはじめとする奈良の古物は、早くから好古家の間に人気があった。その人気の程を示す面白い史料がある。それは幕末の好事家、暁鐘成《あかつきのかねなる》の刊行した『天保山名所図会』（天保六年、一八

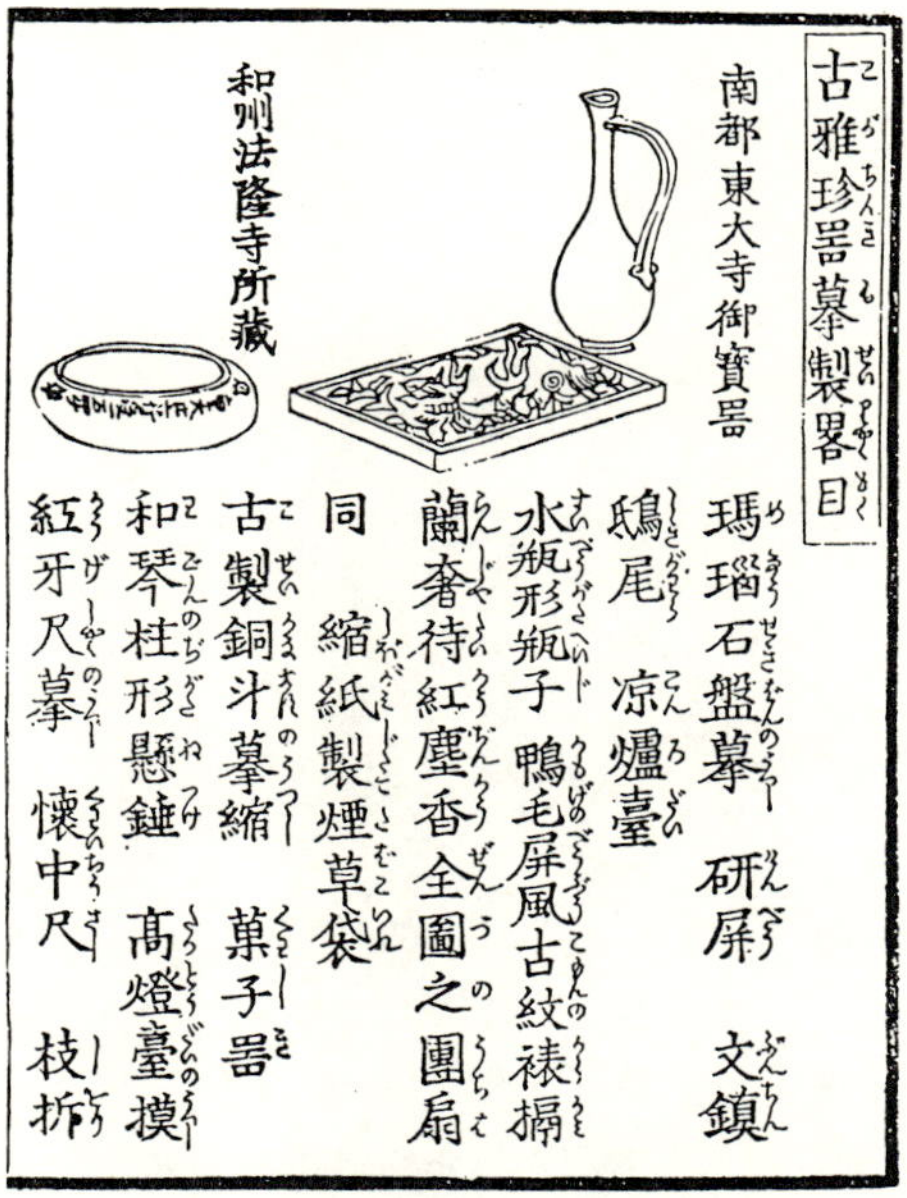

図3－11　『天保山名所図会』末尾広告（部分）

三五）末尾の広告である（図3－11）。鐘成自身、土産物屋を営んでいた人物で、その店で販売していた調度・文具などが広告にあげられているのだが、それをみると、「南都東大寺御宝器」（正倉院宝物）中の「瑪《め》瑙《のう》石盤」（白石鎮子）を写した研屏・文鎮、「水瓶」（白瑠璃瓶）を模した瓶子、蘭奢待や紅塵香といった名香の図をいれた団扇・煙草入れなどがあり、また「法隆寺所蔵」（現在の法隆寺献納宝物）の「古製銅斗」（釣升）を模した菓子鉢、「紅牙尺」を写した懐中尺やしおり等々まである。さしずめ流行のミュージアムショップの元祖といいたい品揃えである。

このような風潮があれば、実物を入手したいという人がいるのも当然で、巷間には古く正倉院から流出したという品も、真偽とりまぜ、まま見うけられる。近世までなら勿論のこと、明治も二十年代ぐらいまでは、いろいろな形で書蹟を含めた宝物の一部が流出する機会はあり、それらの中には本物も決して少なくはない。

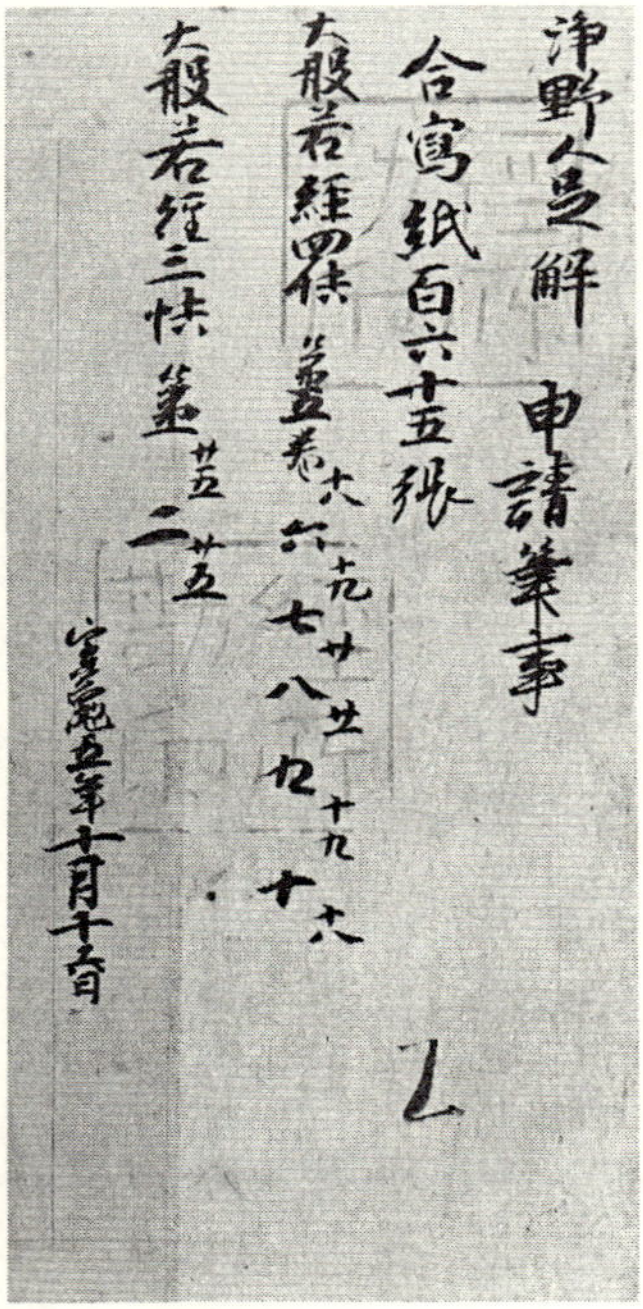
浄野人足解　申請筆事
合寫紙百六十五張

図3-12　浄野人足解

榎英一氏（名古屋市博物館）の教示によると、幕末尾張の学者細野要斎（忠陳）の書きとめた『諸家雑談』には、勅封とはいっても正倉院には「密に入る口はあ」ったこと、縁故をたずねて宝庫に入り古文書等を抜き出して売却するものもいたことが伝えられている（名古屋市蓬左文庫編『名古屋叢書』三編十二巻、名古屋市教育委員会、一九八一年）。それらの流出品は趣味の対象であるばかりでなく、学術的にも価値の高い資料であるから、関連の情報が集約されている方が望ましい。

先年、国立歴史民俗博物館で、流出した正倉院の古文書ばかりを集めた展示が行なわれたが、これは書蹟について、そうした要望に応えたものといえる。しかしもともと個人所有がほとんどだった関係で、存在することは確かでも、今は所在不明という断片が少なくない。先の展示を機に刊行された『正倉院文書展』（一九八五年）という目録でも、いくつかの文書が所在不明になっている。その後、再発見された文書もあるそうだが、私も偶然その一つに出会った。

それはもと神田香巌・喜一郎親子の蔵されていた宝亀五年(七七四)十月十六日付けの文書である(図3-12)。東大寺の写経所に勤務していた浄野人足《きよののひとたり》という人物が、写経用の筆を要求した上申文書で、内容的にはありふれたものである。しかし珍しく二個所に「経所勘印」という朱印が押してある。他にも三通この印をもつ同種の文書が知られているが、みな正倉院から出てしまっている。浄野人足解も、もともと長い巻物の中に貼り継がれていた文書だが、おそらくこの印があるために、剝がされて持ち出されたのだろう。

この文書は、昭和三年、天平文化展に出陳された時、写真も公刊されている(小川晴暘編『天平文化展大観』一)。しかしその後、神田家を離れ、一時、反町茂雄氏の手にあったらしいが、その後行方不明となった。私が出会ったのは、一九九二年秋、五島美術館で開かれた「久能寺経と古経楼」展においてであった。出陳された『紫の水』と題する古経手鑑の中に、これが貼り込まれていたのである。個人所有品の常で、所蔵者名は伏せられていたが、私にとっては、面影の人に出会ったような感慨があった。

ところで、この文書がよい例だが、流出した正倉院文書には、二つの特徴があるように思う。一つは写経関係の文書であること、もう一つは印が押されていることである。もちろんこれに当てはまらない文書も少なくないが、大勢としてはそう言って大きなまちがいはないだろう。これは古写経愛好の風と無関係ではあるまい。古写経に対する関心は古くからあり、すでに幕末には養鸕徹定《うかいてつじょう》のように、熱心に古写経を収集した人も出ている。

流出文書の中に写経生の試字が多いのも、こう考えると納得がゆく。試字というのは、図3－13のように、文字を何行か書き連ねたもので、写経生に採用されようとする役人が、能筆かどうか審査を受けるべく提出した文書である。図の試字を提出したのは大鳥連春人という人物で、推薦したのは式

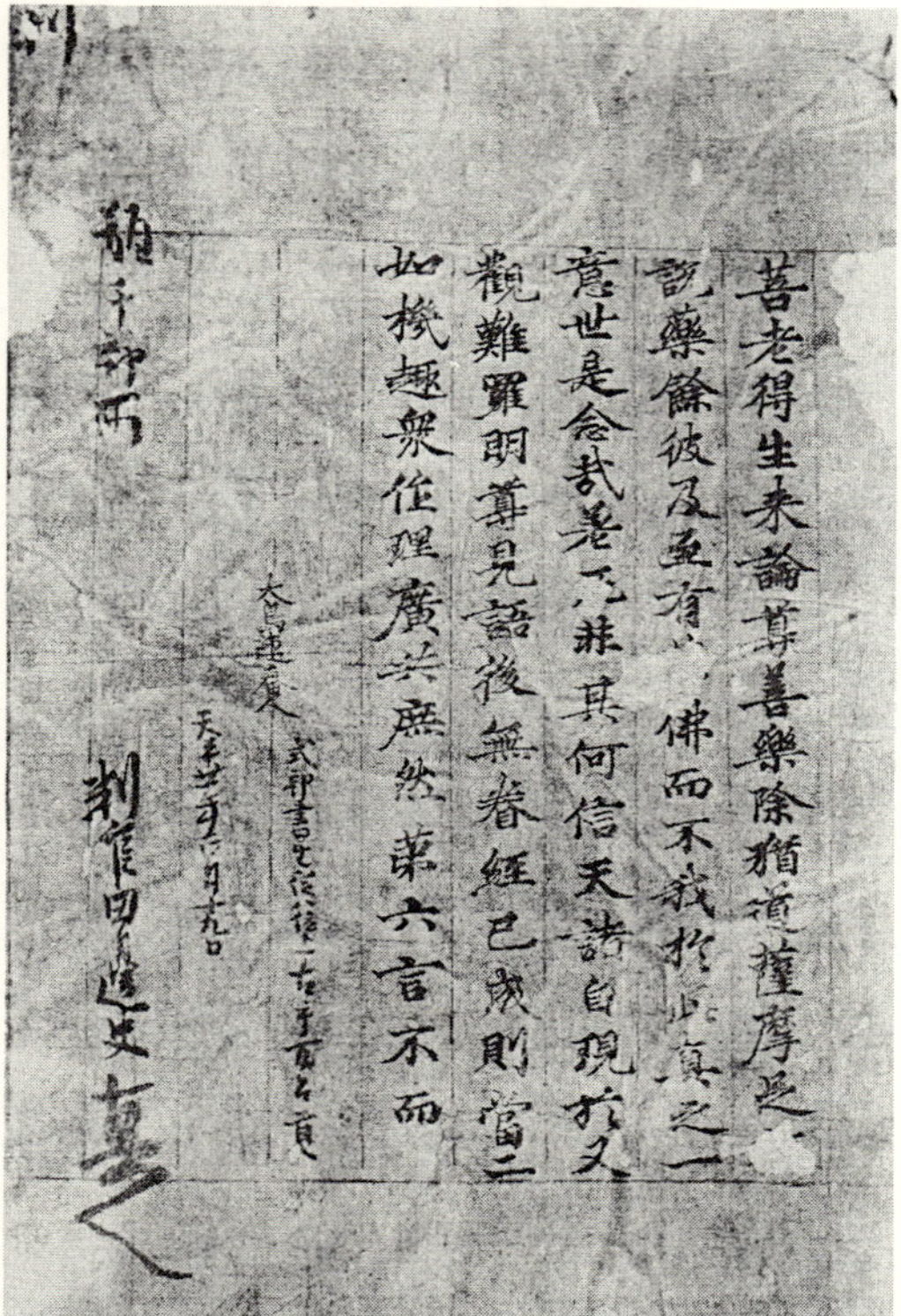
図3－13　写経生試字(『訪書余録』による)

部省の書生だった古乎万呂、日付は天平二十一年(七四九)正月十九日となっている。この試字で特色があるのは、末尾に別筆で大島春人の採否が書かれていることである。この部分は、造東大寺司の判官(第三等官)田辺史真人の筆になり、その「判」(決裁)として、春人を千部法華経を写す写経生に採用することが記されている。事実、他の文書によると、春人はこの直後から写経生として仕事を始めたらしい。このように試字、推薦者、判の三拍子揃った文書は、これ以外になく、写経生採用の実態を知る上に貴重な実例といわねばならない。

しかしここで図3-13の試字をとりあげたのはただそれだけの理由からではない。実はこの文書は大正七年に出た和田維四郎編『訪書余録』に写真がみえるだけで、全く所在の不明な文書なのである。正倉院から流出したものとしか考えられないが、それなら裏面には別の文書が書かれている可能性もある。かつて写真を頼りにこの文書の研究を発表して以来、どこかで実物とめぐりあえないものか、というのが私の願いになっている。

『訪書余録』の写経生試字や、その他の流出文書については、拙稿「『訪書余録』所載の写経生試字」、「写経生試字紙背の食口案断簡――正倉院流出文書の一例」(いずれも拙著『日本古代史料学』岩波書店、二〇〇五年)参照。なお手鑑『紫の水』には複製がある(赤坂水戸幸、一九七五年、飯島春敬解説)。国立歴史民俗博物館からは一九九二年に流出文書を集めた『正倉院文書拾遺』(便利堂)が刊行されたが、浄野人足解は所在不明のままとなっている。

7　『文館詞林』と白雲上人

アジアの東のはてにある日本には、中国の古い文化が、ふきだまりのようになって堆積し、温存されてきた。戦乱などのため本国では早く亡んでしまった唐以前の書物が、日本に数多く伝えられているのも、それに由来する。『文館詞林』も、そのような書物の一つである。『文館詞林』は、唐の高宗が許敬宗らに命じて作らせた本で、もとは千巻もあった。唐以前の歴代の詩文を広く集め、部類わけした全集である。完成したのは顕慶三年(六五八)であった。

千巻のうち、現存するのは二〇巻あまりにすぎない。しかし、これだけでも他にはみられない詩文をみることができ、文学や歴史の史料として内外の注目を集めてきた。

しかもこれらの残巻は、『文館詞林』の内容を伝えているだけではなく、書蹟としても類のない価値を備えている。唐の写本でこそないが、残巻の中には左のような奥書のあるものがあって、これが平安時代もごく初期、弘仁十四年(八二三)の書写になり、その原拠は唐の儀鳳二年(六七七)の写本だったことがわかる。

校書殿写、弘仁十四年歳次癸卯二月、為冷然院書　(巻三四六他)

儀鳳二年五月十日、書手呂神福写　(巻六六五)

忠実な写しとみえて、筆画のはしばしに褚遂良風の遊糸があり、則天文字を混える巻もあって、一見唐鈔本と見紛うほどである。また巻尾等には「嵯峨院印」(図3-14参照)や「冷然院印」も押されており、これらの写本が嵯峨天皇の秘庫にあったことも判明する。これほど由緒正しい本は、そうあるものではない。

しかしこれらの残巻が広く知られるようになったのは比較的新しく、江戸時代も後期になってからであった。その経緯は、文化史的にみてなかなか面白い。いったい『文館詞林』の残巻というのは、現在でこそいろいろなところに分蔵されているが、本来は高野山に一括して伝存したものとみられる。いまでも高野山の正智院と宝寿院に大半が伝わっている。その散佚が始まったのは、十八世紀末ごろのことだったらしい。関西に出回った一巻が、まず有名な考証学者、狩谷棭斎の購入するところとなった。寛政九年（一七九七）のことである。つづいて同十一年、別の巻が兵庫の勝福寺で見出される。しかしこの時点では、その出所が高野山だと認識されてはいなかった。『文館詞林』の残巻について詳細な書誌的研究を遂げられた故阿部隆一氏は、高野山本の本格的な再発見は、十九世紀半ばになると考えておられる（『影弘仁本 文館詞林』古典研究会、一九六九年）。

しかしこれより前、寛政末年には、すでに高野山本の存在が知られていたらしいふしがある。阿部氏もふれておられるが、松浦静山の『甲子夜話』続篇には、寛政十二年、高野山から一巻が出てきたとみえる。阿部氏は折角これに気づきながら、将来者も内容も不明だとして、それ以上追及されなかった。しかしこれを高野山から持ち帰ったのは、白雲上人であろう。

寛政十二年の秋ごろ、京都の好古家、橋本経亮は、新出の『文館詞林』に接し、次のような歌と文を残している（木村捨三「橋本経亮の家系と日記」一九三七年初出、『日本書誌学大系』三一―七、木村仙秀集七、青裳堂書店、一九八五年）。

高野に得たりとて白川の僧白雲、文館詞林一巻をみせし時
ふみのみか　みをしてまでも　さがの代の　ものみることは　又とあらじな
弘仁十四年校書殿にて嵯峨院のためにかけるよし奥書ありて、冷然院・嵯峨院等の印ありし也。武庫のかたはら勝福寺にありしと、ひとつものなり。くはしく白雲にあたへし考にしるせり。

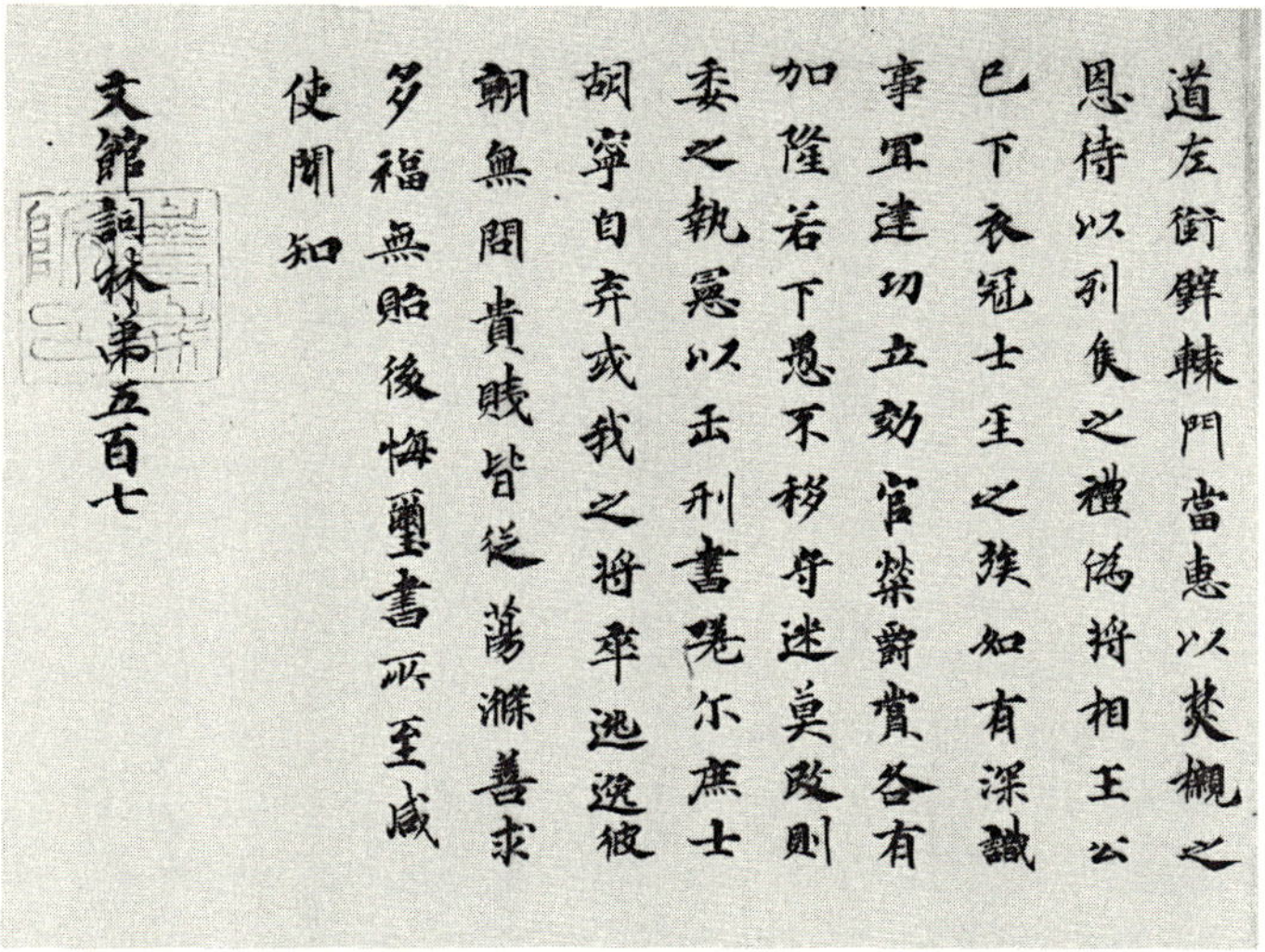
道左銜璧棘門當恵以焚櫬之
恩侍以列侯之禮偽將相王公
已下衣冠士王之族知有深識
事冝建功立効官榮爵賞各有
加隆若下愚不移守迷莫改則
委之執憲以正刑書殲尓庶士
胡寧自弃或我之將卒逃逸彼
朝無間貴賤皆從蕩滌善求
多福無貽後悔璽書所至咸
使聞知
文館詞林第五百七

図 3－14　柴野栗山旧蔵『文館詞林』巻 507 模本末尾

「をして」は押手で、いうまでもなく印章をさす。「白雲にあたへし考」というのは、彼が書いた「文館詞林之事」と題する考証をいうのであろう。『甲子夜話』に、新しく高野山から出てきたとある残巻は、この白雲の見せた本にまちがいあるまい。

白雲上人というのは奥州白河の画僧で、松平定信の企画した『集古十種』の資料集めに協力し、諸方に遊歴して写生図などを残した人である。寛政十一、二年、白雲は西下して、近畿・中国・四国の古社寺を訪れた（西村貞「画僧白雲とその写生図巻について」『日本初期洋画の研究』全国書房、一九四〇年）。この時の旅程には、高野山も含まれている。白雲のもたらした残巻は、この採訪旅行の成果だったとみてよい。この残巻は、のちに松平定信の有に帰した『文館詞林』巻五〇七（末尾のみの残欠）（図3-14）と巻六六二（尾欠）の二巻であろう。橋本経亮の考証や『甲子夜話』には「一巻」とあるが、それはこの二つが一巻に表装されていたためとみられる。

好古家としての松平定信は、ともすれば忘れられがちである。しかし彼が柴野栗山・屋代弘賢・白雲・谷文晁らに命じて行なった広範な文化財調査は、さきにふれた『集古十種』をはじめ、『古画類聚』『輿車図考』などの成果を生み、江戸の考証学を刺激してその展開の基礎となった。高野山本『文館詞林』の発見は、偶然ではなかったといえよう。因みに定信所蔵となった残巻は、現在精巧な模本が残るだけで（慶応大学斯道文庫蔵）、所在がわからない。再発見の報に接したいものである。

松平定信による文化財調査については、拙稿「『古画類聚』の成立」（東京国立博物館編『古画類聚』毎日新聞社、一九九〇年）参照。

8　抹消符と倒置符

古写本に付けられた訓点や仮名については細を穿つ研究がなされているが、抹消符や倒置符となると、わずかに小林芳規氏の研究があるくらいで（「見せ消ち符号について――訓点資料を主として」『訓点語と訓点資料』七七輯、一九八七年）、あまり詳論を聞かないようである。しかしこの方面にも、もう少し広い視点から関心が寄せられてよいのではあるまいか。

たまたま胆沢城跡（岩手県水沢市）から出土した『古文孝経』写本の断片を、解読に当たられた平川南氏の御好意で見せていただいたとき、文字の右傍に一個所書き込まれた「ム」の字が話題になった。「ム」の付けられた字は『孝経』のテキストにないので、これが抹消符であることはまちがいないらしい（平川南『漆紙文書の研究』吉川弘文館、一九八九年）。

図3－15　大神宮文書「ム」

これで思い出すのは、同じ抹消符が正倉院文書にみえることである。伊勢内宮の餝金物に関する文書で、『南京遺芳』に原寸の鮮明な写真がある（図3－15）。この文書の「ム」が抹消符であることは、福山敏男氏が『伊勢神宮の建築と歴史』（日本資料刊行会、一九七六年）で述べられたとおりであろう。同じ符号は他にも例が多く（『大日本古文書』の巻頁で示せば、四巻三一八頁、五巻三〇五頁、十一巻五五七頁など）、正倉院文書以外でも、唐招提寺造営文書にも見える。さかのぼっては、乙未年（六九五）書写の『観世音経』（堀池春峰他『唐招提寺古経選』中央公論美術出版、一九七五年）にみえる抹消符も同じ形のようである。

こうしたいわゆる「見せ消ち」の符号については、市河米庵の『米庵墨談』に、法帖所見の抹消符を紹介してあるのを知る人も多いはずである（巻三、塗乙誤字）。法帖や古い書蹟ではゝ・ミ・トなどの形が多いが、米庵はそれらを「非」の省画・略体とする説を示している。日本上代の「ム」という抹消符が何から出たのか興味のあるところであるが、やはり一種の略体であることは確かであろう。七世紀半ばの大津京木簡や八世紀の古文書には、すでに「牟」の略体仮名の「ム」や、「某」の意の「ム」がみえるが、ここはそれではなさそうである。あるいは「去」などの略体であろうか。

このような穿鑿に関心を抱くのは、こうした符号が、その筆者の依拠している書写技術の性格を示唆するところがあるように思うからである。たとえば聖徳太子筆といわれる『法華義疏』には、「乙」の形をした倒置符が使われている(図3－16)。従来この点はほとんど注意されていない。しかし「乙」の形の倒置符は、漢簡以来南北朝時代まで、中国の写本によく現れ、唐代になると全く退化して「レ」となる(木簡の例については、陳槃『漢晋遺簡識小七種』一九七五年、参照)。気づいた範囲では、北周保定五年(五六五)の十地義疏(ペリオ収集敦煌文献2104)には、まだ「乙」形がみえるが、隋大業四年(六〇八)の大般涅槃経(京都国立博物館『古経図録』一九六四年)では、すでに通常の「レ」形倒置符になっている。また保定五年の大般涅槃経(スタイン収集敦煌文献1945)のそれは、ほとんど「レ」形に近い。「乙」から「レ」への交替は、ほぼ南北朝末頃とみていいだろう。『法華義疏』の場合、倒置符の形だけをとっても、それが南北朝以前の文化と深い関わりをもつことが知られるわけである。材料が少ないこともあるが、他の日本の写本・史料で「乙」形倒置符のみえる例は、今のところ見当たらない。和銅六年(七一三)の平城宮木簡に、「越前国登能郡」(奈良国立文化財研究所『平城宮発掘調査出土木簡概報』10、一九七五年)の例があるが、これはもう「レ」形になっている。

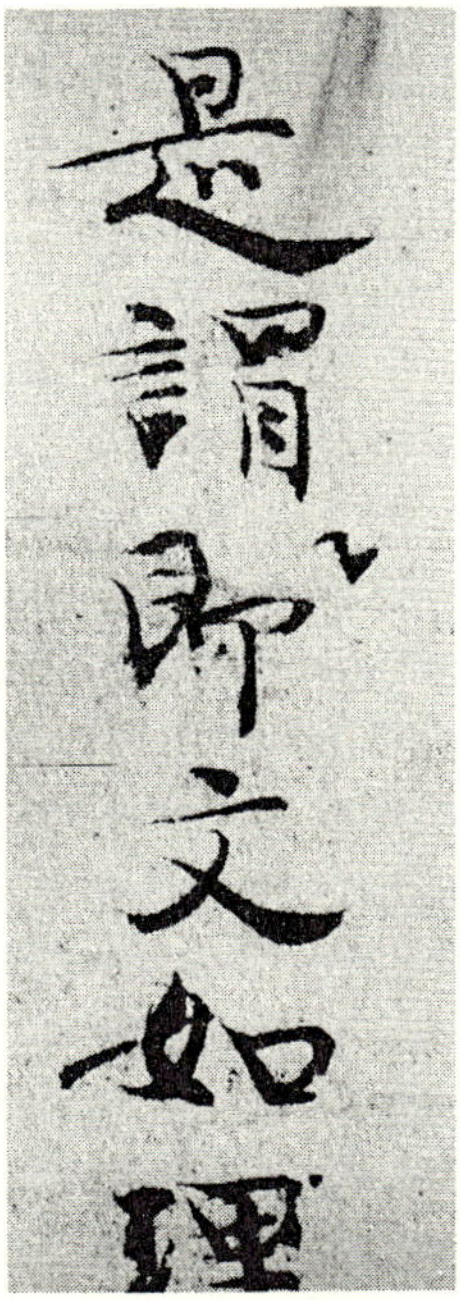

図3－16　『法華義疏』「乙」

時代が下ると抹消符は字の左傍に移り、「レ」は「〉」に形を変えて行の中に打たれるようになるが、その時期や意味なども考えてみる必要がありそうである。

第四章　海をわたる文字

1　敦煌遺書と日本の古写本

敦煌の古写本といえば、日本との関わりでは類似点や共通性の強調されることが多い。事実敦煌から発見された古典籍には、我国の古代に行なわれた典籍と共通するものが少なくないし、その中には後世中国で散逸してしまって、今では敦煌遺書と日本の古写本にしか跡をとどめない俗書もある。『李嶠雑詠』張庭芳注など、その代表的な例といってよかろう。しかしながらこうした共通点のある反面、一方に大きな相違のみられることも確かである。

たとえば経書における古文・今文テキストの問題はその一つである。経書について日本には敦煌写本に匹敵するような質・量の写本が残っているわけではない。ただ我国に伝わる中世以前の経書のテキストは、古代以来の学統の中で書写されてきたものが大半を占め、古代に行なわれた経書のテキストの面影をよく残している。それらを敦煌の写本と比べるならば、同種のテキストがみられる一方、『論語』『孝経』のように著しい違いのある場合が見出される。すなわち『論語』では何晏の『論語集解』や皇侃《おうがん》の『論語義疏』が敦煌・日本に共通して広く行なわれているものの、敦煌で珍しくない鄭玄《じょうげん》注が、日本では単独に伝わっていない。また『孝経』については、御注本が双方に共通するものの、我国では古文のテキストかその注釈である劉炫の『孝経述議』が大半であるのに対し、敦煌では逆に今文のテキストかその注釈である。もちろん古代の日本に単行の『論語』鄭玄注がなかったわけではないし(入宋僧奝然は鄭玄注を太宗に献じている)、敦煌に全く古文系テキストが行なわれなかったとはいえないであろう。しかし一般的傾向として、使用されたテキストにこのような対照的偏りがあったことは認めてよかろうと思われる。かつて論じたことがあるが(拙稿「美努岡万墓誌の述作」『日本古代木簡の研究』塙書房、一九八三年)、この原因は、最終的には中国の南北における学風の違いに帰せられるであろう。敦煌には今文テキストを主とする鄭玄の学風がのちまで強く影響したのに比べ、日本の学問は早くから中国南朝の影響をうけ、古文テキスト中心の学風が残存したと考えられる。

その点、相違のさらに甚しいのは道書や韻書の場合である。敦煌では唐代以降、とくにおびただしい道書の残存をみるが、我国には『老子』『荘子』などはともかく、本格的な道書の古写本は全く現存しない。『日本国見在書目録』をみても、この種の道書は、敦煌にも例の多い『本際経』など極く少数しか著録されていないから、もともと道教の受容の仕方に大きな差があった結果とみられる。

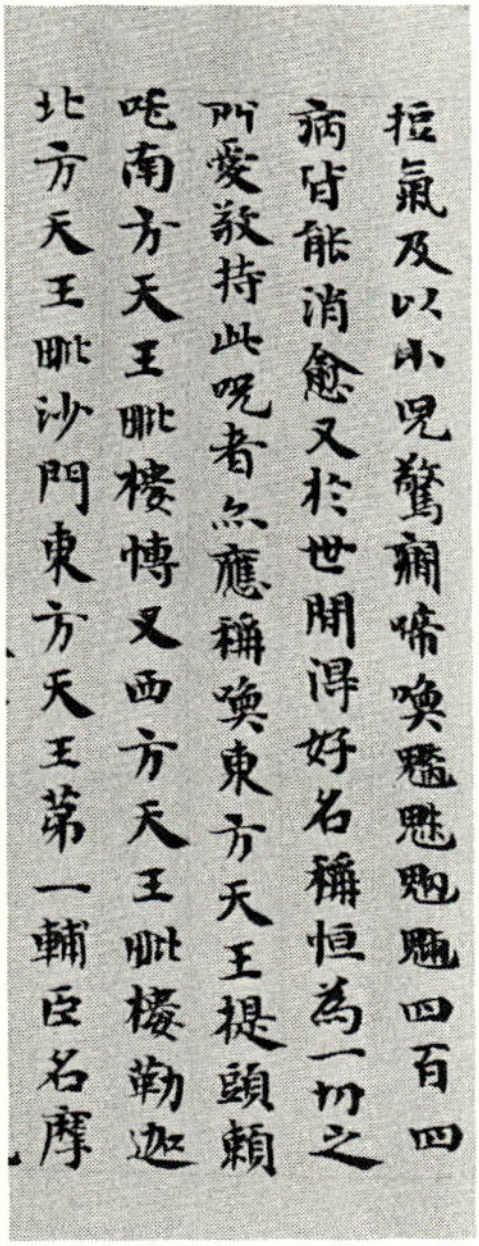

揺氣及以小兒驚癇啼喚魑魅魍魎四百四
病皆能消愈又於世間得好名稱恒爲一切之
所愛敬持此呪者亦應稱喚東方天王提頭頼
吒南方天王毗樓博叉西方天王毗樓勒迦
北方天王毗沙門東方天王第一輔臣名摩

図4－1　敦煌本 摩訶摩耶経巻上

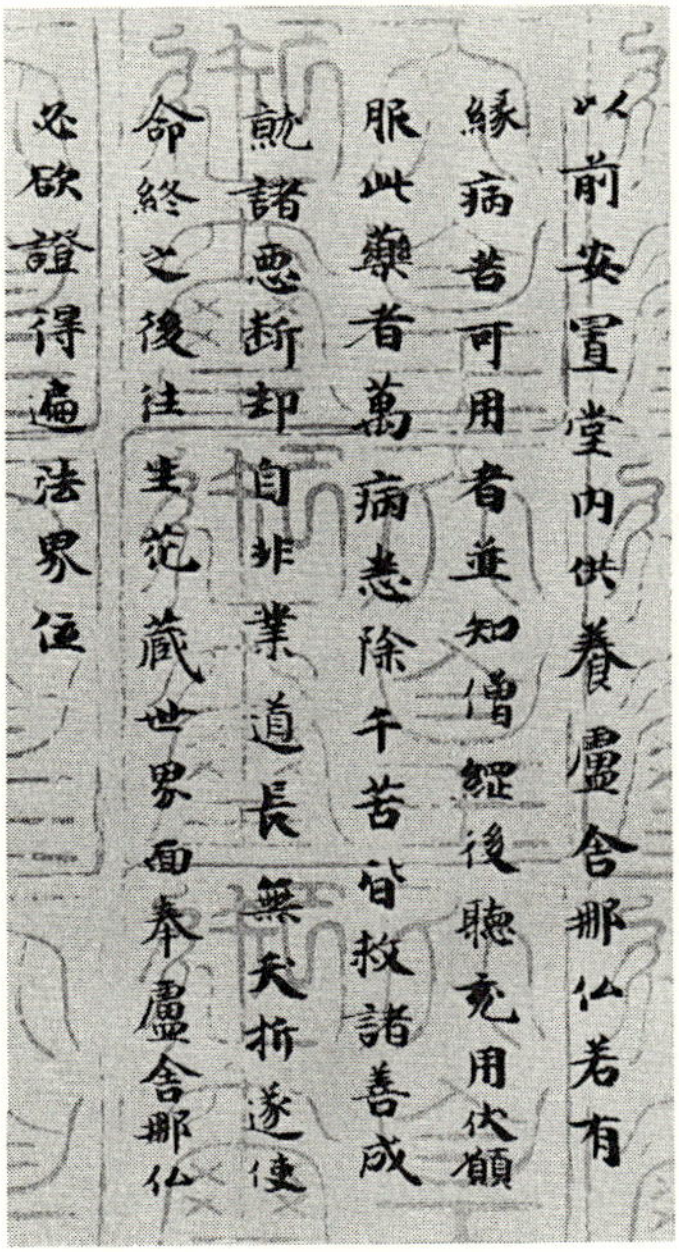

以前安置堂内供養盧舎那仏若有
縁病苦可用者並知僧綱後聴充用伏願
服此藥者萬病悉除千苦皆救諸善成
就諸悪断却自非業道長無夭折遂使
命終之後往生花蔵世界面奉盧舎那仏
必欲證得遍法界位

図4－2　種々薬帳(正倉院宝物)

また日本では韻書の古写本が皆無に近いが、これは敦煌発見の多くの写本が、中国音韻史の基礎資料となっているのとまことに対照的である。韻書も日本に舶載されたが、残存したのはむしろ原本『玉篇』であった。五代の混乱期に下級軍人から成り上がった韓建が、文盲であったため部首引きの『玉篇』を喜び、これを手掛りに音韻を学んだという挿話が『五代史』巻四〇にみえる。日本古代の学問水準は、正確な発音の習得を必要とする韻書の本格的受容には力及ばず、部首引きの『玉篇』が歓迎されたのであろう。

こうした彼我の違いは、書風の上にも存在した。『敦煌書法叢刊』22（二玄社、一九八三年）に、陳の写経二種が載せられている（図4-1）。編者の饒宗頤氏もいわれるとおり南朝写経の遺例は敦煌にも多くなく、写経とはいえ書も名筆の名に恥じない。ところがこれらの写経の書風に酷似した書跡が、日本の奈良朝に存在する。挿図に掲げた天平勝宝八歳（七五六）の種々薬帳（東大寺献物帳の一つ。正倉院宝物）がそれである（図4-2）。この帳の書が古風であることは神田喜一郎博士もかねてより説かれていたところであるが、従来対比されてきた隋経などよりも、この陳の写経の方がはるかに近い書風を示す。種々薬帳の書は、唐風の顕著な他の献物帳の書に比較して異色のものではあるが、典型的な南朝風を伝えるとみてよいであろう。唐文化の風靡した奈良朝に、このような純南朝風ともいえる書がみられるのは奇異といえばいえる。しかし日本の古代には、他にも唐以前の書風の影響とみるべき書風が少なくない。これまた我国に残った南朝文化の余光とみられる。

敦煌と日本の異質性に着目するとき、敦煌資料のもつ意義はいっそう広がりと重みを増すというべきであろう。


敦煌と日本古代の道書、辞書については、拙著『遣唐使と正倉院』（岩波書店、一九九二年）所収「上代文学と敦煌文献」に論じた。

2　ペルシア文字とソグド文字

古代の文字資料は、そのほとんどが言うまでもなく漢字からなるといってよい。その中には日本国内で書かれたものの他、中国や古代朝鮮で書かれたものも含まれるが、漢字という点は共通している。漢字以外では、貝葉などに書かれた梵文(サンスクリット)経典が知られているくらいである。

しかしそれ以外の文字で書かれた資料も、実は古くから日本国内に存在していた。先ごろ私が、東京国立博物館はじめ諸方面の協力を得て解読にこぎつけることのできた、もと法隆寺伝来の香木(東京国立博物館蔵)の文字がそれである。

問題の香木は二つあるが、材質はどちらも白檀で、長さはともに六〇センチメートルほどある。図4－3に掲げたように、それぞれに刻銘と焼印が一つずつ認められる。白檀といっても年月を経て褐色に黒ずみ、丸太同様の姿をしていて、今では香りもすっかり抜けてしまっている。

刻銘の方はパフラヴィー文字で記されている。パフラヴィー文字というのは、西暦三世紀から七世紀半ばまで、イラン地方を支配したササン朝ペルシアで使われていた文字である。ササン朝がアラビア人によって滅ぼされた後も、一世紀以上にわたってペルシア人などの間では用いられていた。この文字にも書体変遷があり、刻銘の字は七―八世紀のものとみられる。二つの刻銘を比べてみると、綴りに少し違いがあるようにみえるが、もとになった銘の書き手か、銘の刻み手が違うせいで、同じ単語を刻んだものとみてよい。パフラヴィー文字は、アラビア語と同様、右から左へ文字を並べる。これは「ボーフトーイ」という人名ということである。

焼印は二つとも完全には出ていないが、同じ印面なので合成すると復原でき、ソグド語で「ニーム・シール」と刻んでいることがわかる。こちらは「半両」というような意味である。ソグド語は中央アジアのサマルカンドあたりを根拠地としたソグド人の言葉で、ソグド文字はのちのウイグル文字のもとになった。ソグド語は縦書きの場合、左から右へ行が移るから、図4―4の左行が「ニーム」、右行が「シール」で、その下に十字形の飾りを置いた形である。これらのパフラヴィー文字やソグド文字は、いまのところ日本で唯一の例であるばかりか、中国より東で発見された初めての例でもある。

白檀はインドやインドネシアの産物なので、これも輸入品であることはまちがいないが、貴重なのは、二本とも目方をチェックした時の墨書がいくつもあって、日本に入った下限がおさえられること

図4-3　香木の刻銘(右)と焼印拓影(『観古雑帖』による)

図4-4　焼印復原図

である。墨書には天応とか延暦といった年号もみえるが、確かめられる最古のものは「字五年三月四日」とある銘で、これは二本に共通している。「字五年」というのは、正倉院宝物の銘文などを参考にすると、天平宝字五年(七六一)をさす。遅くとも奈良時代半ばには、どちらも船載されていたわけで、さきの刻銘や焼印は、当然それ以前のものである。

そこで香木に刻銘や焼印のいれられた意味であるが、これは貿易品として輸送する必要からであろう。一般に香木というのは、購入されてしまうと、何らかの形で使われ原形をとどめなくなるのが普通である。いまの場合は、香木が大変貴重視され、さらに後世聖徳太子の伝承と結びついて宝物化し、輸入当時の原木に近いまま残った稀な例と考えられる。従って刻銘や焼印も、通常考えられるような後世に残すためのものではなかったとみなければならない。銘や印の位置は二本とも似かよっているが、これも同じような原木がたくさんあって、銘や印を入れていったためだろう。何よりも刻銘とか焼印というやり方自体、長い輸送の途中、目印として消えないことを狙ったものと思われる。そう考えると、刻銘の方は荷主か輸送者、焼印は品質か値段のようなものを表わしているということになる。七―八世紀の中央アジア・南海では、ペルシア人やソグド人が盛んに貿易活動を行なっていた。近世以前の世界貿易では、香料・香木は主要商品だったが、ここでも香料の中継貿易は重要な位置を占めた。その痕跡がこの刻銘や焼印なのである。

古代の日本には、西方の文化の影響が唐を介して強く及んでいた。それは正倉院宝物をはじめ、さまざまな遺品からよく指摘される事実である。しかしシルクロードや、海のシルクロードを経て入ってきた輸入品といっても、文字の入ったなまの形でこれを実証するものは、厳密にはなかったといってよい。この白檀の原木は、正倉院宝物のような華やかさこそないものの、ペルシア人、ソグド人の直接関与した品が、古代日本にもたらされていたことを証明するものであり、その点またとない価値をもっているといえよう。

この香木についての詳細は、拙著『遣唐使と正倉院』（岩波書店、一九九二年）所収「香木の銘文と古代の香料貿易」、同『正倉院』（岩波新書、一九八八年）五節「香木の旅」参照。

3　開元通宝と和同開珎

中国の貨幣に書としてもすぐれたものが多いことは、いまさらいうまでもない。北宋の皇帝の筆になる、いわゆる御書銭などはその代表である。しかし日本との関係でいえば、さしずめ開元通宝にまず指を屈さねばなるまい。

最近は古代遺跡の発掘が盛んで、奈良朝の銭貨の出土例も格段に増えてきているが、八世紀に発行された和同開珎や万年通宝の書と開元通宝を比較すると、いろいろと面白いことがでてくる。まず開元通宝の書は、欧陽詢が八分と隷のスタイルを交えて書いたといわれ(『通典』巻八)、独特の趣きをもっている(図4－5)。『大唐六典』(巻十)では字体を五種に分類し、

㈠古文　廃して用いず

㈡大篆　これ石経に載す
㈢小篆　印璽・旛旐・碑碣に用いる所を謂う
㈣八分　石経・碑碣に用いる所を謂う
㈤隷書　典籍・表奏及び公私文疏に用いる所

といっているから、八分とは現在の隷書、隷というのが今日の楷書ということになろう（中村不折「開元通宝銭の書風に就て浜村先生に答ふ」『貨幣』七八号、一九二五年）。読みやすく、しかもある種の威厳を備えた書である。和同銭（和銅元年、七〇八年発行）や万年銭（天平宝字四年、七六〇年発行）は、開元通宝のもつ、このような特色をよく伝えている。

たとえば和同銭の「開」を見ていただきたい（図4-6）。門構えの切れたところ、門構えの中が「井」になっているところなど、字形はもちろんのこと、筆勢まで似ている。和同銭には大別して二種あって、古和同、新和同と呼びわけられており、和銅元年創鋳の銭がどの種類のものかをめぐって、古来やかましい議論がある。ここでその議論に立ち入るのはやめておくが、いま述べたような開元銭との類似が大きいのは新和同と呼ばれる種類である。発行年代に異説はあっても、八世紀初めのものであることに疑問はない。奈良時代のはじめに、これほどまで唐銭の風格をよく写した書の書かれたことは、いまさらながら驚かされるのである。

万年通宝についても同様なことがいえる。たとえば「通」「宝」は開元銭のそれに近い。ただすで

図4－5　開元通宝

図4－6　和同開珎

図4－7　万年通宝

図4－8　高昌吉利

に指摘されているように、「通」には開元銭との間に注目すべき相異がある(図4－7)。それは万年銭の旁りの「用」の部分が、楷書の字体に近いものであるのに対し、開元銭では「用」の第二画が欠けているようにみえることである。字そのものの成り立ちからいっても、これは開元銭の方が正しい。万年銭の筆者はわかりやすくするために通行の字体に近づけたのか、文字の構成を知らずに誤って書いたか、どちらかであろう。とにかく万年銭には、同じ開元銭を手本にしたと考えられるにも拘わらず、和同銭ほどの精度はない。むしろ早くも崩れないし和風化が現われているのである。これはその後の皇朝十二銭の書風につながってゆく傾向だといってよい。

開元通宝については、古来問題となっている一つのテーマがある。それは方形の孔の周りに置かれた文字をどの順序に読むのが正しいかという議論である。現実には古くから開元通宝と読むことが一般化しているが、発行当初は「開通元宝」と時計廻りに呼ばれたという説も根強い。この問題はもはや水掛論と考える向きも多いようだが、最近中央アジアで進んでいる発掘の成果を参照すると解決できそうである。

西域トルファンにある七世紀半ばごろの古墓から「高昌吉利」と書かれた銭が出土している。この銭は、その形や大きさからみて開元銭を手本に作られていることは疑いない(図4－8)。だいたい開元通宝以前の銭は、文字を方孔の左右に置く五銖銭の系統に属している。開元銭はこの伝統を打破し、中国の貨幣史上全く新しいスタイルをうちたてた。その発行は貞観二年(六二八)のことだが、高昌吉利銭が埋納されたのは六四二年を降らず、それまでに開元銭タイプの新しい銭は発行されていない。この高昌銭を作ったとみられる高昌国も、六四〇年に唐に滅ぼされた。

ところで高昌吉利銭は、文字を時計廻りに読んではじめて意味が通る。手本になった開元銭が時計廻りの読みだったから、こう作られたのに違いない。これは開元銭が当初「開通元宝」と呼ばれた何よりの証拠である。「開元通宝」と読むのが本来とする説では、開元銭の次に出た乾封泉宝が時計廻りに読むよう作られたにも拘わらず、「銭文の誤り」のため短期間で廃された事実(『旧唐書』食貨志、『唐会要』)を重視する。時計廻りに文字を入れたのが誤りだったと解するのである。しかしこれは文字の入れ方一般ではなく、「乾」と「封」の位置が問題だったとみるべきだろう。乾封銭は、六六六年、唐の高宗が泰山で天を祀る封禅を行ない「乾封」と改元したのを記念して出された。従って「乾」は天、「封」は地上の封祀壇を意味する。それが上下ではなく、上と右に配置されたのがいけないとされたのである。乾封銭の作りは、開通元宝という読み方を否定する証拠にはならず、かえってその正しさを裏付けるものといわなければならない。日本の和同銭以下も文字は時計廻りに読むが、これも開元銭の本来の読み方を、そのまま踏襲したからに他ならないと考えられる。開元銭は開元年間以降、年号に因んで開元通宝と呼ばれるようになったらしいが、その読みをいち早く万年通宝が伝えているのも面白い。なお万年銭と同時に発行された太平元宝銀銭(万年銭一〇枚に相当)が「開通元宝」という本来の読み方にちなむことはいうまでもない。

ともあれ和同銭と高昌銭は、いわば開元銭を父とする兄弟である。しかし高昌銭の書体が古風なのに比べ、和同銭はすべての点で驚くほど開元銭に似ている。高昌銭は一種の厭勝銭《ようしようせん》とみられ、年代も和同銭より少し古い。しかしそれにしてもこれほど差があるのは、何か日本の外国文化に対する感受性の鋭さを象徴しているように思えるが、いかがであろうか。

この問題については拙著『遣唐使と正倉院』(岩波書店、一九九二年)所収「開元通宝の銭文と皇朝銭」を参照していただきたい。なお開元銭以後のアジアの銭貨は「元宝」ならば時計廻りに文字を入れ、「通宝」ならば上下右左に字を入れるというのがほぼ通則となる。日本の皇朝銭がこれに当てはまらないのは、開元銭や和同銭のあり方を踏襲したものであろう。また唐の建中元年(七八〇)に出た建中通宝が時計廻りとなっているのは、乾封銭の例にかんがみて、「中」を下に置くことを避けた結果と思われる。

4　書と筆談

中国の史籍を見ていると、書の上手な日本人の話が出てくる。最も古いのは、宝亀十一年（七八〇、唐建中元）に唐使を送って渡唐した布勢真人清直である。『新唐書』日本伝には、次のように言っている。

建中元年、使者真人興能、方物を献ず。（中略）興能、書を善くす。

「興能」とは、入唐した布勢清直が自称した唐名で、「清直」の音訳と考えられる。遣唐使は、こうした唐名を用意するのが慣例であった。

これに続き『宋史』にも、書の上手な二人の僧が登場する。一人は永観元年（九八三、宋太平興国八）に渡海した東大寺僧の奝然《ちょうねん》である。

奝然、隷書を善くすれども、華言に通ぜず、其の風土を問えば、但々書し以て対えて云う（下略）。「隷書」は、別に述べたとおり（一六七頁）、今の楷書である。奝然はこのように筆談で応じた。もう一人は長保五年（一〇〇三、宋咸平六）入宋の寂照である。彼もまた筆談したことが伝えられている。

寂照、華言を暁《さと》らざるも、文字を識り、繕写甚だ妙なり。凡そ問答には、並びに筆札を以てす。

寂照については、この『宋史』が材料を仰いだとみられる『楊文公談苑』に、左のような記述があって、さらにくわしいことがわかる。

寂照、徒を領すること七人、皆、華言に通ぜず。国中、多く王右軍の書を習う。寂照、頗る其の筆法を得たり。

宋人も、寂照の王羲之《おうぎし》風の優れた書に驚いたのだが、そのきっかけになったのは筆談であった。ふつうこれらの記事は、日本人の書のすばらしさが早くから中国に認められた例として話題になる。しかし単純にそう解してよいだろうか。筆蹟が残っている人物のうち、寂照はともかく、奝然の場合、やや癖のある筆蹟で（図4-9）、特記に値するような秀筆とは思えない。彼の書の話題が史籍に残されたのは、もう少し別の理由があったのではないか。

そう思って注意されるのは、奝然の場合も寂照の場合も、単に書を褒めるだけではなく、「華言（中国の言葉）に通じていない」と書かれていることである。これは次のように考えると理解しやすい。つまり言葉が話せないのに、なぜ書が書けるのか、という中国人のいぶかしさが、こういう記事になって残ったとみるのである。「善隷書、而不通華言」とか「不暁華言、而識文字」の「而」は、その不審感のあらわれというべきであろう。

もっともそれは考え過ぎではないかという懸念も無いではない。ただ大局的にやはりそういう見方は誤まっていないのではないかと思う。中国語が話せなくても書がうまいといった話は、われわれの常識からすると至極当然で何の疑問もない。しかし『宋史』や新旧『唐書』の数ある外国関係記事をみても、こういった記述は他にみられず、日本に特有なものといってよさそうである。日本人の場合、さきのような不審感を呼びさます状況が、渡航者にみられたということだろう。中国の人にとっては、書が立派に書けるほど中国文化に親しんでいるのなら、それ相応の会話ができて当然だと思われたはずである。たとえば唐では、官吏登用試験の合格者を官庁に採用する場合、身・言・書・判の四条件をテストすることになっている（『大唐六典』巻二）。風采、言葉遣い、字のうまさ、決裁文の出来具合である。言と書が、知識人にとって両々相俟つべきものだったことは、これでもわかる。

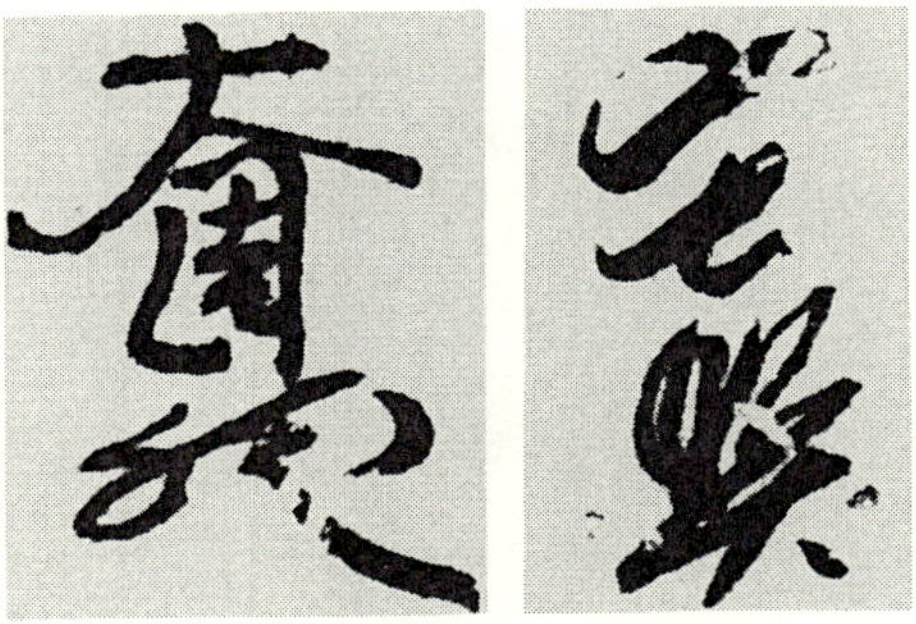

図4－9　寂照（右）と奝然（左）の自筆署名

しかし日本人は違っていた。他に違和感はなく、場合によっては中国人以上の教養があるのに、中国語が話せないのである。このアンバランスがあのような記事を残させたのに相違あるまい。大宝二年(七〇二、周長安二)に入唐した遣唐使粟田真人が、好んで経書や史書を読み、「文を属するを解す」(上手に漢文を作れる)と特筆されたのも、根は同じところから出ている可能性があろう。

さほどの能筆でもない奝然が、筆談で名を中国正史に残したのも、これで合点がゆくというものである。中国人に書を認められたといえば聞こえはよいが、中国人がそれを書き残した機微に立ち入れば、手放しで誇るのはいかがかと思えてくる。近代に至るまで、筆談は日本人のオハコであったが、これは外国との間にいかに人の交流が少なかったか、外国文化の受容がいかに耳からでなく目からなされたかを象徴しているといえよう。交流が盛んであれば、言葉もまた自然にマスターされてゆく。現に先に引いた『楊文公談苑』によると、はじめのうち会話のできなかった寂照も、江南での滞在が長くなるにつれて、「漸く此《ここ》の方言に通」じるようになったという。

古来中国と交流をもった国は多いが、同じ近隣の国といっても、朝鮮などは日本にくらべ、はるかに密接な関係を早くから持たざるを得なかった(東野治之編『遣唐使船』歴史を読みなおす(4)、朝日新聞社、一九九四年)。そういう両国関係の中では、そもそも会話のできない一行が単独で中国に旅するということはまずなかったであろうし、知識人ならば書もでき会話もこなせたと考えてよいだろう。筆談が話題にのぼる余地はなかったといわねばなるまい。また書の受容にかけては、朝鮮の人々も日本に劣らず熱心であり、古くは百済の使節が中国南朝の能書家、蕭子雲の筆蹟を高価に求めて帰ったという事実もある(『南史』巻四二)。朝鮮における書の水準が高かったことも、いまに残る数々の書蹟が雄弁に物語っているところで、決して下手だから記録に残らなかったわけではなかろう。筆談の話題が書き残された日本の場合こそ、特異だったとみるべきである。

なお書と筆談といえば、筆談の字が縁で、明の永楽帝の愛顧をうけた相国寺の僧、仲方中正の名も忘れられないが、この人物については次節にとりあげたので、それを参照していただくことにしよう。

5　日本僧の書いた「永楽通宝」

古代以来、東洋の銭貨には、それぞれ当時の能書家が筆をとって銭文を書いたと思われるが、筆者の確実な例は多くない。唐の開元通宝における欧陽詢、北宋の崇寧通宝や大観通宝における徽宗皇帝などが、判明する数少ない人々の代表であろう。したがって中国の銭貨の筆者がわかり、しかもそれが日本人となれば、極めて珍しい例になる。そういう実例が現に存在しているのである。古代の文字資料というにはやや時代が下るが、書に直接かかわる話題として、見ていただくことにしよう。

文明六年(一四七四)、臨済宗の僧で代表的な五山文学者の一人、横川景三《おうせんけいさん》は、相国寺の心月梵初から一つの軸をみせられた。画は山水図で、その上部に心月の父、仲方中正《ちゅうほうちゅうしょう》の筆になる漢詩を置き、合わせて表装したものである。その詩は横川景三の師、曇仲道芳の作になり、これも有名な絶海中津が添削したといういわくのある詩である。浅からぬ因縁に感じた景三は、「江山小隠図詩の後に書す」と題する文章を作り、心月梵初に呈した。仲方中正の書は、早くから名筆の評判が高かったらしく、足利義満の眼にもとまっていたが、景三はさらに次のようなエピソードをこの文のなかに記している（『補庵京華前集』『五山文学新集』㈠所収）。

応永辛巳（一四〇一）、国信使（遣明使）に従いて南遊す。蓋し鈞命を奉ずる也。時に大明の永楽紀元也。是《ここ》に於いてか、我が使者、華言（中国語）に通ぜず、牘を以て奏対す。天子（永楽帝）、老人（中正）の筆札を善くするを以て、書院に試御し、遂に老人に命じ、「永楽通宝」の四字を書せしめ、これを銅銭に鋳、「相国承天禅寺」の六字を書して、これを法被に綉し、以て我が国に贈る。国人今に到るもこれを栄とす。

これによると中正は、応永八年（一四〇一）に足利義満の派遣した第一回遣明船で中国にわたり、筆談の仲介をした。その書の見事さが永楽帝の注目をひいたわけである。第一回遣明船が到着したのは、恵帝治下の明だったが、翌年には永楽帝が甥の恵帝を追放して即位する。中正は、渡海後しばらく明にとどまっていたのであろう。景三がさきの文を書いたのは、それから七十年余りのちのことだが、仲方中正の子、心月から見せられた詩画軸を前にして、景三が全く無稽のことを書くとは考えられない。義満の時代、遣明船はほぼ連年派遣されていたので、入明年時に間違いがあるかも知れないが、話の大筋は信じてよいと思われる。

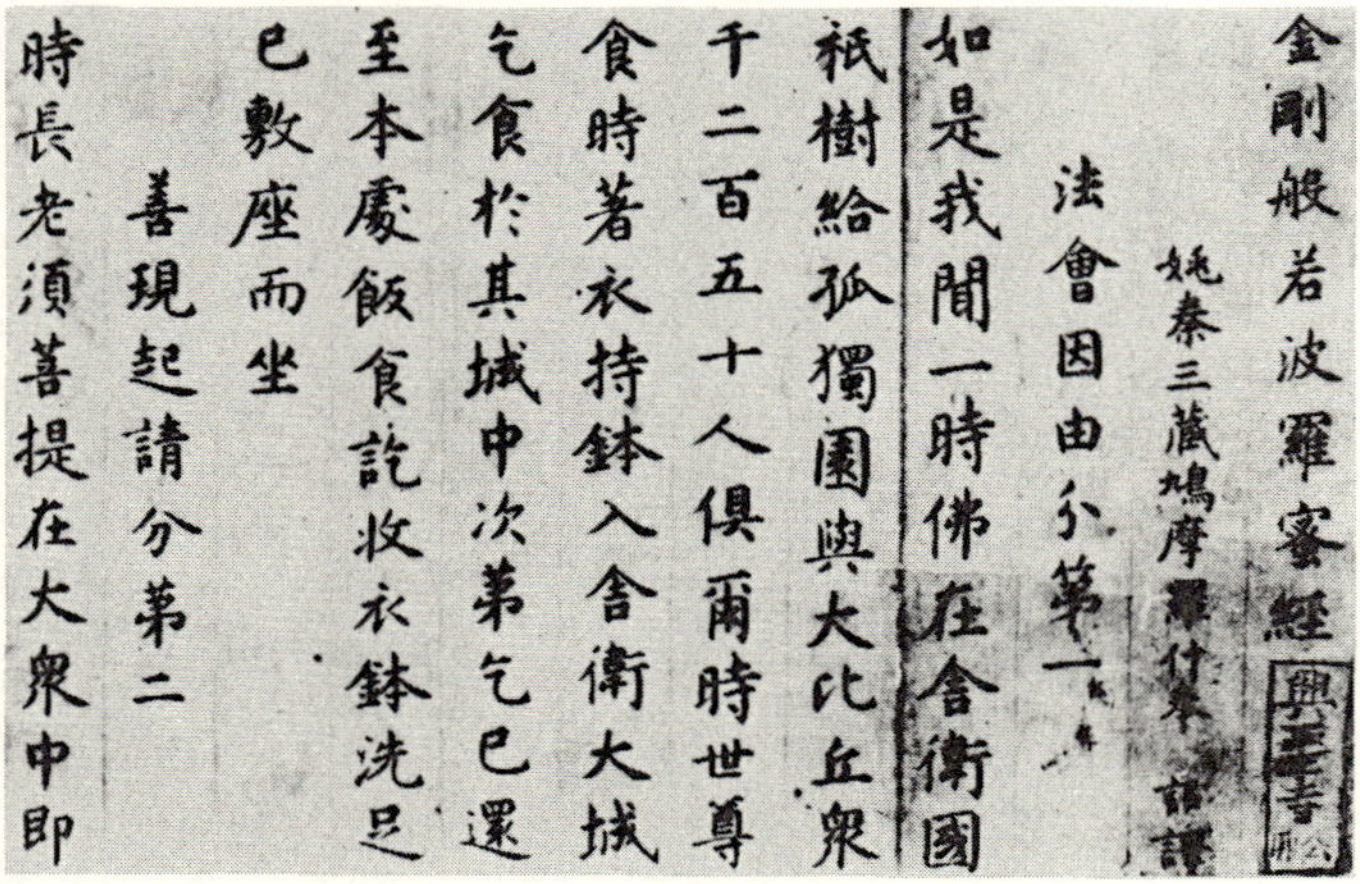
金剛般若波羅蜜經
姚秦三藏鳩摩羅什奉 詔譯
法會因由分第一
如是我聞一時佛在舍衛國
祇樹給孤獨園與大比丘衆
千二百五十人俱爾時世尊
食時著衣持鉢入舍衛大城
乞食於其城中次第乞已還
至本處飯食訖收衣鉢洗足
已敷座而坐
善現起請分第二
時長老須菩提在大衆中即

図4－10　仲方中正筆　金剛般若波羅蜜経

しかしそうは言っても、日本人に新銭の文字を書かせるのは、何としても不可解だという意見もあろう。これまで辻善之助氏や木宮泰彦氏など、このことにふれた学者がないではないのに（辻善之助『増訂 海外交通史話』内外書籍株式会社、一九三〇年、三〇四頁。木宮泰彦『日華文化交流史』冨山房、一九五五年）、それがまともに取りあげられてこなかったのも、そこに一因があるのかも知れない。ただ明の銭貨の性格を考えると、いちがいに不自然とはいえないようである。一体中国の銅銭は、北宋時代に莫大な鋳造量を誇り、盛んに外国に輸出された。日本も大量に輸入した国の一つで、北宋銭はついに日本の通貨になるに至る。しかし南宋以後、中国の銅資源は払底し、しばしば銅銭輸出の禁止が命じられ、国内では紙幣の使用が奨励されるようになっていった。とくに明代に入って、この傾向は制度としても確立される。すなわち洪武二十七年（一三九四）に銅銭の使用が禁じられ、国内通貨はたてまえ上、紙幣一本になった。この措置は正統元年（一四三六）まで続き、そこで一旦もとにもどるが、正統十八年（一四四八）にはまた禁止となり、解禁されたのは天順四年（一四六〇）のことだった。従って永楽六年（一四〇八）鋳造の永楽通宝や、宣徳八年（一四三三）の宣徳通宝は、明の国内通貨ではなく、もっぱら外国への下賜品・輸出品としてだけ使われたのである（曾我部静雄『紙幣発達史』印刷庁、一九五一年）。もっとも明末にできた『名山蔵』には、永楽通宝が永楽八年に鋳造され、紙幣と並用されたとあるが、たとえそれが事実だったとしても、『明実録』の記事などを見る限り、現実は紙幣一本の経済だったというべきだろう。

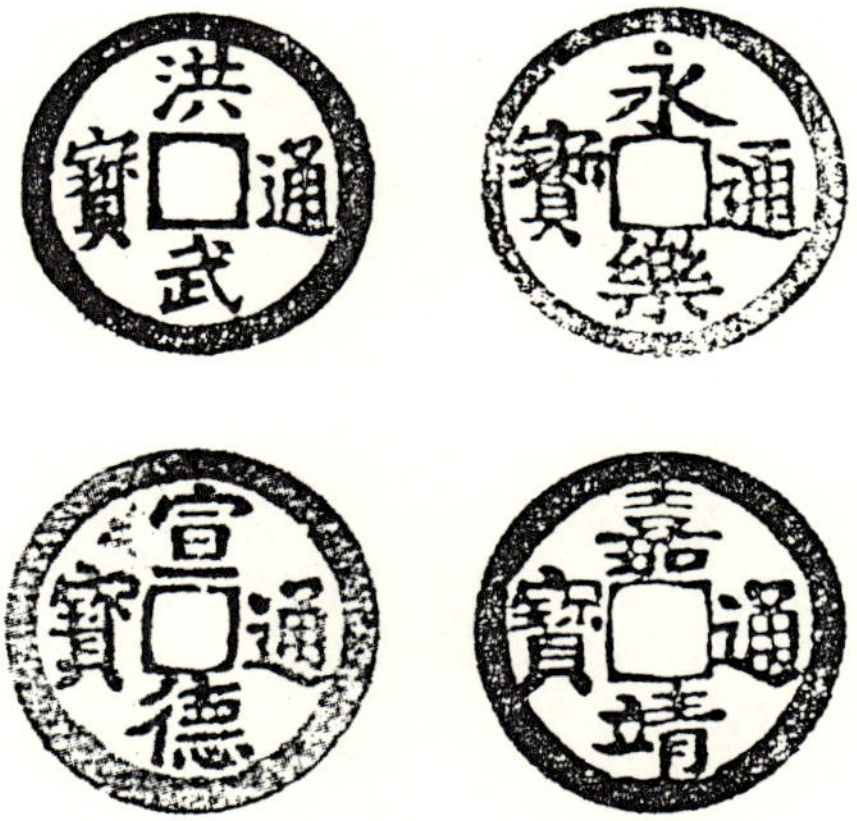

図4－11　明の銭貨（拓影）

　明の銭貨、中でも永楽銭がこのような性格のものだったことは案外知られていない。しかしそういうことを念頭におけば、永楽帝が日本僧に銭文を書かせたのも理解できる。外国への下賜品・輸出品となる銅銭に、相手国の一つ、日本の僧の筆蹟を入れるというのは、朝貢国に対する人気取りの意味もあったのだろう。足利政権は、明が長く苦しんだ倭寇の鎮圧に力を致したが、それに対する褒賞という意味もなかったとはいえない。

永楽銭の字が日本僧の筆になったことは、明銭の字を比べてみてもうなずけそうである。仲方中正の真蹟(図4-10)に似ているというだけでなく、確かに永楽銭の字は、他の明銭と違う(図4-11)。最も特徴的なのは「通」の字である。洪武通宝以下、歴代の明銭は、旁の「マ」の第一画が強調され、屈曲しているのが見てとれるはずである。ところが永楽通宝だけは、真直ぐに筆が入っている。永楽銭を除く明銭には、一脈通ずる書風があるのに、永楽銭の書はそこから逸脱しているのである。筆者が日本僧なら、それも理解しやすい。

永楽通宝は、数ある渡来中国銭の中で、日本人に特に喜ばれた。種々の工芸意匠に使われ、武家(仙石家)の紋所にまでなった銭貨は、永楽銭しかない。今は忘れられているが、近世前期までは、その銭文を仲方中正が書いたというのは自明のことだったのではなかろうか。十八世紀初めに著された妹尾柳斎・中谷顧山の『世宝録』では、銭文の筆者を挙げたなかに、永楽通宝の筆者を「日本相国寺中正座主〈入唐而書レ之〉」としている由である(『古銭』二巻八号、一九一八年)。江戸時代中期以降も、この伝えは残ったようで、天明二年(一七八二)の例言をもつ芳川維堅の『和漢銭彙』にも、永楽通宝の字は「日本相国寺中正、入レ明書ト云」と記されている。また仲方中正が文字を書いたという永楽銭が、「中正」と称して収集家の間に珍重されたらしい。しかしこれは、日本で中世に倣鋳された永楽銭の一種とみられ、明の永楽通宝とは似て非なるものである。ともあれ永楽通宝の筆者、仲方中正の名は、日中の書道史上、もう少し広く知られてよいであろう。

6　大暦元宝と大谷探検隊

中国の古い銭貨には、古印にも通じる書の美がある。歴代の銭貨にも製作の好し悪しはあるが、粗末な作りの銭貨でも、それなりの趣きがあって捨て難い。それが何か歴史的な由来をもっていれば、さらに興趣が深くなるのも印章と似ている。

図に掲げたのも、そういう銭貨の一つといえよう（図4－12）。これは唐の大暦四年（七六九）に発行された大暦元宝の拓影である。唐の銭貨といえば開元通宝が有名だが、それに比べると大暦元宝は、開元銭の型を使って「開元」の二字を「大暦」に置き換えたらしく、製作も劣り、見映えはしない。しかしよく見ると古雅な風格を備えているのがわかる。大暦銭の発行された八世紀の後半は、さしもの唐の勢威も衰退期に入っていた。それが銭貨の質にも影響しているのだろう。この銭は発行数も少なかったらしく、稀覯の銭貨とされている。

しかしこの大暦銭をとりあげたのは、前に書いたような理由からだけではない。拓影の銭は数奇な運命をたどった品なのである。実はこの拓影は、大正四年に刊行された『大阪古泉会雑誌』第六〇号に貼付されているもので、大暦銭自体の所蔵者は、この雑誌の編集者でもあった下間寅之助(虎僊楼)氏である。解説によれば、「本品は(中略)兵庫県武庫郡六甲山二楽荘(西本願寺別邸)所蔵なりしを、蔵主が今回譲受け出品せられしものなり。先年西本願寺前法主が棒本師、橘師、松原師を引率して、中亜の仏蹟探見の際、吐魯番《トルファン》に於て発掘し、他品と共に持帰られしものの一なりと云ふ」とある。「西本願寺前法主」とは大谷光瑞をさし、「中亜の仏蹟探見」というのは、明治三十五年から大正三年にかけて、大谷光瑞の命で三回にわたり実施された大谷探検隊の踏査を意味する。つまりこの大暦銭は、大谷探検隊が中央アジアから持ち帰った遺物の一部ということになる。八世紀の末、衰えたとはいえ唐は、なおシルクロードに余喘を保っていたわけである。

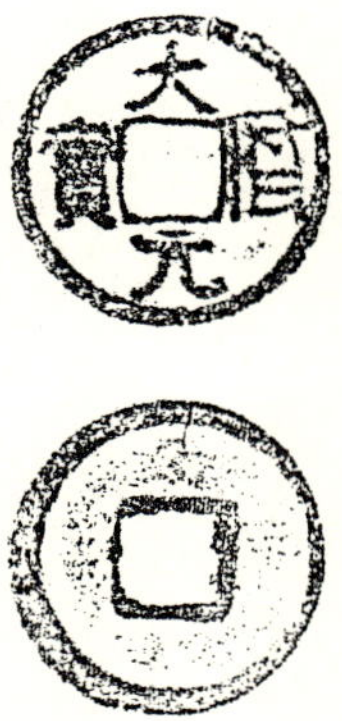

図4-12 大暦元宝

しかしこれだけでは、なぜこの銭貨が譲渡されたかは明らかでない。ところが幸いなことに、下間氏が別に次のような説明を残していて、その事情が詳しくわかる。下間氏は言う、「まだあの六甲山下の二楽荘が、久原さん(引用者注、久原房之助)の手に渡らぬ以前のお話です。光瑞上人が京へ引上げて、跡始末の役はお気に入りの橘瑞超師、ある日のこと、この瑞超師から、一度二楽荘の古銭類を見に来て呉れぬかとの御手紙、早速出かけて橘さんにお目にかかりました。（中略）ともかく品を見てくれと、例の山上の陳列室へ案内されました。ボール紙の幾枚かへ木綿糸で無造作に結いつけてあった古銭は、かなりに沢山あり、まだその外に緡《さし》に通して幾束かも積んでありましたが、そのボール紙付けの中で、大暦元宝が十枚と建中通宝が五枚と交っていたのには驚きました。こういった名品は一枚すら容易に当時は手に入りませんが、何しろ支那の奥深く入って持って帰られただけあって大したものです。（中略）十五枚で二百円ならば（中略）と値をつけて、その日は帰りました。十日ほど経ってから、もう一度、金を持って来てくれと云ってみえました。二楽荘へ行くと、実は今度この山の中学を廃校とするに付き、国々から来ている生徒を帰してやらねばならぬ、それについて急に金が要るから、先達て値をつけて貰った古銭を引取って貰えまいかとのお話、二百円を渡すと、私の目の前へ生徒さん方を一人一人呼出し、国の遠近につれて、それぞれの旅費をこの金のうちから渡し、（中略）いずれも名残を惜しむ生徒達を、橘さんは住吉の駅まで送って行かれました」（渡辺虹衣・中井新三郎『書画骨董掘出物語』玄文社、大正八年、表記を改め句読点を加えたところがある）。

この生々しい証言を読めば、どうしてこの大暦銭が大谷コレクションを離れたかは明らかだろう。いったい前世紀の末から今世紀の初めという時期は、英・仏・独・露などによる中央アジア探検が盛んに行なわれたときだった。大谷光瑞には、宗教人として仏教伝来のルートを踏査するという意図があったらしいが、これはちょうど西欧の探検隊が、ギリシア・ローマ文化の東漸した様子を調査しようとしたのに対応し、大谷隊の派遣も同じ流行の余波だったとみていいだろう。大谷探検隊は、中央アジアからかなりの美術・考古品を持ち帰った。しかし西欧の探検隊の収集品が、そっくり美術館や博物館などに保管されたのとは違い、その末路は安泰ではなかった。今日いろいろな人の尽力で、その将来品の多くが東京国立博物館に入っているが、中国・韓国に蔵される品や散逸した品も少なくない。それらの遺品の学術的価値を考えれば、散逸の事情や経路を明らかにするのも、重要な仕事である（片山章雄「大谷探検隊関係記録拾遺」『季刊東西交渉』一五―一八・二〇号、一九八五―六年）。しかしこうした売買は、もともと公けにしたくない原因があってなされるから、まだまだわからない部分が残されているのが実状だった。

この大暦銭は、こうした暗部に一条の光を当ててくれる。下間氏のいう「この山の中学」は、大谷光瑞が二楽荘に付設した、生徒数三〇〇人ほどの武庫仏教中学校である。この武庫中学末期の生徒であり、のちに本草研究の泰斗となった岡西為人は、大正三年五月、同校が廃校と決まったとき、最後まで残っていた生徒は、自身を含めて三〇人くらいだったと述べている（岡西為人「中国生活三十四年の追想」『中国』九〇号、一九七一年）。大暦銭の代金は、これらの生徒の帰郷旅費に当てられたのだった。

他の美術品などと違い、古貨幣などは同種のものがいくつもある。珍しいといわれる大暦銭でもそうで、稀少なだけに単価は高い。切売りするには最適の品だったといえよう。大谷探検隊の持ち帰った品には、この大暦銭のような形で、さみだれ的に売られていった品も、また多かったと考えられる。

こうしてみると、掲出した大暦元宝は、唐帝国の威光がシルクロードに及んだ時代の証人であるだけでなく、大谷コレクションの末路を見とった立会人だったといえよう。下間氏は古銭商だったので、これもさらに転売されたとみられるが、その行方は明らかでない。ただ下間氏が二楽荘からの帰途、大暦元宝を早速一枚売ったという「御影の華客《とくい》」とは、当時御影に居を構えていた飛香閣黒川幸七氏と考えられ、おそらくその一枚は、いま黒川古文化研究所に蔵されているはずである。

初出稿(出版ダイジェスト一三六二号、一九九〇年十二月)が出た後、片山章雄氏から、図4-12の大暦銭は、大谷探検隊の将来品図録『西域考古図譜』上(国華社、一九一五年)にハドラック出土としてみえる一孔ではないかとの御教示をいただいた。背面の特徴がよく合致することからみて、確かに同一品の可能性が高い。

第五章　古代の文字世界

近年は古代遺跡から発見された木簡の写真を目にする機会が多くなった。それらを見て、千年以上たっても、文字の姿は案外変わっていないと感じられた方も少なくないだろう。しかし図5－1の文字は、どうであろうか。

図5－1　稲荷山古墳鉄剣銘(部分)

これは、かつて画期的な発見として評判になった埼玉県稲荷山古墳(行田市)の鉄剣の銘文である。なるほど今の字と基本的に違わないともいえるが、受ける感じはよほど異なっている。これにくらべれば、七世紀末以降の字の方が、確かに親しみやすい。奈良時代の木簡など、ほとんど違和感を感じさせないだろう（図5－2）。この違いはどこからくるのか、この疑問に答えることは、同時に日本での文字のはじまりと普及のあとをたずねることにつながってゆく。

日本人と漢字との出会いは、弥生時代にさかのぼる。しかしその時代に伝わった文字の文化が、そのまま後代に発展してゆくわけではない。たとえていうなら、文字の普及の歴史にも、何回かの技術革新があったのである。

図5－3は、江戸時代に北九州の志賀島（福岡市）から出土した金印の文字である。「漢委奴国王《かんのわのなのこくおう》」と彫られたこの印は、北九州の小国家、奴国の王が後漢の光武帝から賜わったものとしてあまりにも有名だが、文字の資料としてもいくつかの注目すべき特徴がある。まず文字の形が、われわれの普通使う字体とまったく違っていることである。印章ということで、とくに古い篆書体が使われているが、漢代に日常使われた文字も、篆書の簡単になった隷書だった。この印は朱肉で捺《お》すと、文字の線が白く抜ける。今の印とは逆である。これは紙に捺すことを考えてつくったものではないからで、木簡に

図5－2　平城宮木簡（部分）

封をするための粘土に押しつける印なのである。中国でも、この時代は紙がまだ普及せず、木簡や竹簡の時代だった。

弥生人の周辺には、舶載された鏡に陽鋳された銘文や、新の王莽が鋳造させた貨泉という貨幣など、ほかにも篆書で書かれた文字があった。鹿児島県種子島の広田遺跡から出た貝製の装身具には、一見すると隷書の「山」によく似た刻みがあり、もしこれが本当に文字だとすれば同様な例に数えられるが、その確証はまだないというべきだろう(中園聡「これは山の字ではない」『人類史研究』八号、一九九二年。国分直一「種子島広田遺跡出土貝符の『山』字彫刻をめぐって」『古代文化』四五-一二、一九九三年)。

このように朝鮮半島や中国大陸との交渉を通じて、文字のある文物はかなり弥生人の周辺にもたらされていた。しかしこの時代の日本において、文字が本来の意味で使われたかというと、それは疑問である。文字は、おそらく新奇なデザインとしてしか、うけいれられなかったであろう。

図5-3　志賀島出土の金印

こうした状態は、古墳時代になっても急には変わらなかった。この時代には中国の銅鏡がひきつづき盛んに輸入されているが、それらの中には鏡の背面の周囲に銘文を陽鋳したものが少なくない。やがて日本では、これらの鏡をもとに模造品をつくることが行なわれはじめる。いわゆる仿製鏡である。ところが仿製鏡では、鏡文の漢字がまったく意味のない図形になってしまっているものが多い。これは鏡づくりの工人が漢字を理解できなかったためであるが、それだけではなく、仿製鏡をつくらせた有力者たちも、その意味を理解できなかったのであろう。もし銘文の意味がわかれば、鏡を手にする人が、文字とも絵ともつかない奇妙な図形に満足するはずがない。

日本人が早くから漢字と出会いながら、この時期まで、それを使いこなすすべを知らなかったのは、不思議といえば不思議である。

しかしいかに高度で便利なものでも、必要のないところに本当の受容はおこらない。当時の日本の社会は、まだ文字を駆使する技術を必要とするほど、発達していなかったというべきだろう。弥生時代から古墳時代前期へかけての文字資料は、今後もみつかる可能性がある。この時期のくわしい状況は、そのような新資料をまって明らかになるところが少なくないと思われるが、先に述べたような仿製鏡の銘文から考えて、大勢が変わることは、おそらくないだろう。

しかし、やがて変化がおとずれる。日本国内で書かれた本格的な文字資料の登場である。なかでも重要なのは、はじめに少しふれた稲荷山古墳の鉄剣銘であろう。

この銘文でまず注目されるのは、その文面から、獲加多支鹵大王(雄略天皇)に仕えた乎獲居《おわけ》が辛亥年(四七一)にこの鉄剣をつくらせたとわかる点である。わが国には、これより古い金石文がないわけではない。たとえば泰和四年の年紀をもつ石上神宮蔵の七支刀などはその例である。泰和四年は中国の年号で、西暦三六九年と考えられている。しかし七支刀は、早くからいわれているように、おそらく古代朝鮮の百済でつくられたものである。その銘文の解釈には、いろいろな説があるにしても、日本国内でつくられていないことは、まずまちがいない。国内でつくられた本格的な金石文では、稲荷山古墳鉄剣の銘が最古の確かな例といわねばならない。

ではこの鉄剣銘にみられる文字文化は、どのようなものだろうか。最初に、使われている漢字の書体からみてゆこう。活字というものに慣れた現代人には、書体は鑑賞上の意味しかもたなくなってきている。しかし印刷の普及しない時代にあっては、文字を使いこなすことは肉筆で書くことと結びついており、したがってどんな書体で書くかということは、背景にある文字文化の性質と切っても切れない関係にあった。稲荷山鉄剣の銘文が親しみにくい書体であらわされていることは前にふれたが、よくみると一定の特徴を備えていることがわかる。

まず「ロ」や「ム」のように、通常字画の角ばるところがすべて丸く表現されている。また、現代人の目にはバランスの悪くみえる文字が目につくし、筆画のはじめの打ちこみや、最後のおさえもはっきりしない。こういう特徴は、銘文が肉筆ではないのだから当然だ、と考えられるかもしれない。しかしこれはそうではなくて、銘文が、もとになった肉筆の書をたいへん忠実に再現した結果、出てきた特徴なのである。一口にいって、この銘文の書には隷書の気分が強い。

最近は書道人口もふえ、読者のなかにも隷書の筆法を習われた方があるだろう。隷書を書くときは、筆の鋒《ほさき》が筆画の外に出ないように線を引かねばならない。筆画の最初も、楷書のように筆をいれていったんおさえるということをせず、むしろ筆を進める方向とは逆から筆をいれ、それをかえすようにして線を引く。そうすれば自然に鋒があらわれず線が引けることになる。また筆画が曲がる個所でも、楷書ではそこでいったん筆を止めておさえるが、隷書では露鋒《ろほう》(筆の先が筆画の外にあらわれること)になるのを避けて、そのまま筆の方向を変えるだけである。筆画の最後も、楷書のようにおさえて止めず、筆を自然に抜くか、または始筆のときとは対照的に逆方向に筆をかえして抜く。

こうしてできあがる字は、丸みの勝った筆画のはじめや終わりに強調のないものになる。まさに鉄剣銘の文字がそれであるといっていいだろう。挿図にあげた文字にはこの特徴がよくあらわれている。

そのほか、この銘文には、字の形だけをとっても古い要素があらわれている。たとえば「居」の字で、「尸」の左上が欠けているのは欠損ではない。隷書やそれより古い篆書では、「尸」をこのように書くのである。

しかし、この銘文が完全な隷書で書かれていると考えるならば、それはまちがいである。隷書では、右下へ筆を抜くとき、とくに力をいれてその筆画を強調するのが普通である。それを破磔《はたく》という。ところがこの銘には、明らかに破磔とみられる筆法はあらわれていない。またその字形もすべてが古い形を残しているわけではなく、むしろ楷書の形と同じものも多い。その点、この銘文の書は、隷書と楷書のいりまじったものというのが妥当であろう。

ところでこの銘文には、書体ばかりでなく読み方にも特徴がみられる。ここで読み方というのは、「ワケ」「オホヒコ」「シキ」などの純粋な日本語にあてられた漢字の発音のことである。この銘文に出てくる「獲居」（銘文では「獲」となっているが、これは「獲」の異体である）は、古代の称号の一つ、ワケ（別）と考えられている。「獲居」と書いてワケと読むのは、現代のわれわれにはたいへん奇異なことである。研究者のなかにも、銘文の発見当時この読み方に疑問をもつ人があった。しかし、これがワケという日本語をあらわすことはまちがいない。その理由はこうである。

まず「獲」の場合、カクの音が普通だが、ワクとも読める。これは「皇」をコウと読んだりオウとよんだりするのと同じである。どの文字でも二とおりの読みができるわけではなく、最初にくる子音やそれにつづく母音の種類に決まりがあるが、「獲」はその条件にあてはまる。皇をコウと読むのは漢音、オウと読むのは呉音とされているから、ワクは「獲」の呉音といってもいいだろう。もっともこれは理論上そう読めるというだけであるが、中国の文献でも、「鑊偘」の二字で、ワカンという西域の地名を表記した例がある（玄奘『大唐西域記』六四六年成立）。旁の共通する漢字は、たいてい発音が等しい。この例は「獲」が実際にワクと読まれた証拠にしてよいといえよう。

つぎは「居」である。「居」をケと読むのは、漢音や呉音で説明がつかない。しかし、これまでに知られていた古代の文献に、ケと読んだ実例がみられる。たとえば推古天皇三〇年（六二二）、聖徳太子の没後につくられたと伝える天寿国繡帳の銘文には、推古天皇の名前、トヨミケカシキヤヒメが「等已弥居加斯支移比弥」と漢字表記されていた（『上宮聖徳法王帝説』による）。また『日本書紀』をみると、欽明天皇六年（五四五）、十四年、十五年などには、ミヤケのことを「弥移居」と書いた個所がある。こうした例からみて「居」がケと読めることは確かだが、この特異な読み方は、鉄剣銘の背景にある文字文化をさぐる鍵といってよい。移(ヤ)、已(ヨ)といった読みを含め、これらは、中国の古い発音に基づいているというのが定説である。つまり中国の三国時代(二二〇—二八〇)以前には、現在の漢音や呉音にはつながらない、別系統の発音が行なわれており、それが日本にも伝わって、居をケと読むようなことが行なわれたのだという。

しかし、このような音が直接中国から伝えられたとは考えにくい。三世紀ごろの日本は、先にも述べたように、まだ文字の文化を十分にうけいれてはいなかった。日本への仲介は、他の文化の場合と同様、やはり朝鮮半島の人々によってなされたのであろう。

その証拠になると思われるのは、前にふれた『日本書紀』の「弥移居」という表記である。「弥移居」の表記が出てくるあたりの『日本書紀』の記事は、みな朝鮮半島との交渉に関するもので、『日本書紀』の作者たちも、実際に百済人によって書かれた記録を参照して文をつくったことが明らかにされている。『日本書紀』自体のなかに名前のみえる『百済本記』がそれである。居をケと発音することは古代朝鮮においても行なわれており、それが日本にも伝えられたわけである。また鉄剣銘にみえるあて字のなかには、「鹵」「鬼」などの漢字が使われているが、それらも、『日本書紀』に出てくる古代朝鮮の人名や地名に使われている場合が少なくない。

後でも述べるが、日本でも七世紀後半以後、漢字の音や訓を利用して日本語を表記する万葉仮名が整備されていった。しかし万葉仮名の漢字は、上にあげたような古い漢字音で読まれることはほとんどなく、またその種類も大きく違っている。「鹵」などは、のちの万葉仮名ではまったく使われない漢字である。それだけに鉄剣銘の文字づかいには、古代朝鮮の文字文化の影響が相当色濃く反映しているといえよう（拙著『日本古代木簡の研究』第三部、塙書房、一九八三年）。

ここで再び鉄剣銘の書体のことを思い出していただきたい。そこに隷書の書体が強く反映していることは、先に述べたとおりである。中国では、四世紀ごろから、のちの楷書にあたる新しい書風がおこってくる。しかし楷書が一般に普及するのは中国でも六世紀末以降で、それまでは隷・楷混合の書体が行なわれた。これは朝鮮半島でも同じであって、同様な書風で刻まれた金石文が残っている。そのなかでも鉄剣銘の書とよく似ているのは、六世紀後半、新羅でつくられた真興王の碑文であろう。その一部を掲げておく（図5－4）。鉄剣銘の書風もまた、中国の影響というよりも、朝鮮半島に起源があると考えてよい。

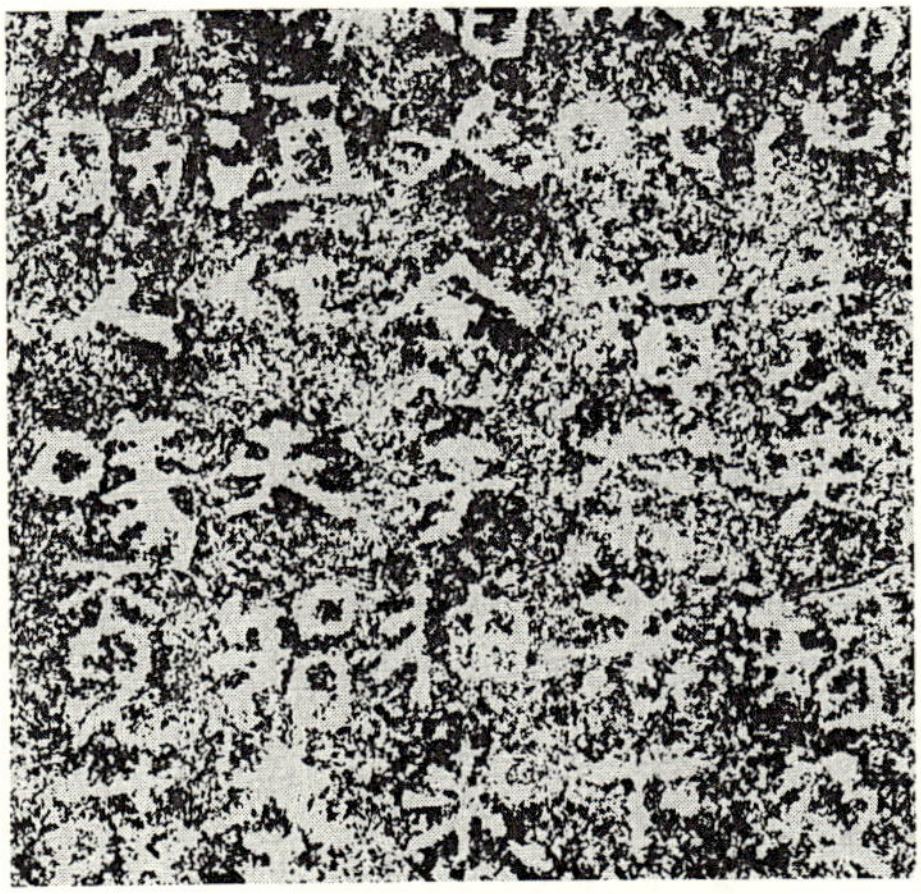

図5－4　新羅真興王碑（部分）

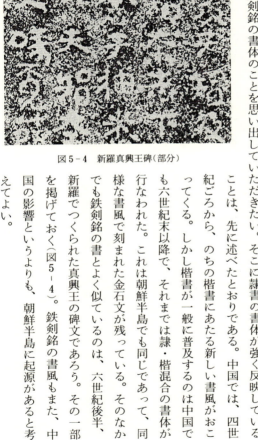

では古代朝鮮直伝のこのような文字文化は、当時の日本の文字文化一般のなかでどのような位置を占めたのだろうか。それを考えるには、他の金石文と比較してみる必要がある。五世紀ごろの金石文は、この鉄剣銘が出現する前からいくつか知られていた。熊本県の江田船山古墳から出た大刀の銀象嵌銘、和歌山県隅田八幡宮(橋本市)所蔵の画像鏡銘などがそれである。

まず気づくのは、稲荷山古墳の鉄剣にしろ船山古墳の大刀にしろ、当時の政治の中心である近畿地方から離れた所で出土していることである。しかし、このことから文字の文化の中心を九州や関東に求めるのは正しくない。近畿地方にこの種の金石文が残らなかったのは、それだけこの地方が後代に大きな変動を受けた結果であって、決して文字文化が空白だったためではない。古代の文化は一般に中央から天下り的に地方に伝えられるのが普通であるから、たとえ地方でつくられたものであっても、中央の水準を反映しているといっていいだろう。

そこで個々の資料をみてゆくと、稲荷山鉄剣との関係で第一に注目されるのが、船山古墳の大刀銘である。この銘文にみえる大王の名は、かつては反正天皇の名「㲹宮弥都歯」(タジヒノミヤノミズハ)に比定されていたが、稲荷山鉄剣銘に出てくる「獲加多支鹵」と同じとみられる(本書三八頁)。すなわち船山古墳の大刀銘は、稲荷山古墳の鉄剣とほぼ同時期のものと考えてよいわけである。双方を比べると、船山古墳の大刀銘は、肉筆への忠実度という点で稲荷山鉄剣より見劣りがする。しかしよくみると双方の書体に本質的な違いはなく、やはり隷書の影響の強いものであることがわかる。船山古墳大刀銘に出てくる「孫」「練」「統」などの「糸」の形も古い書風の影響をよく示すといえよう(三七頁、図1－14)。

また使われている文字の発音についても、「獲加多支鹵」の用字が同じとすれば、当然同系であったと考えられる。稲荷山古墳鉄剣からうかがわれる文字文化は、その意味で決して特異なものではなく、雄略朝ごろの日本の文字文化のあり方を、よく示しているとしてよい。二つの銘文が同じ大王名を介して近畿の王権と関連をもっているように、文字文化がスタートした地域も、ヤマト政権のお膝元の近畿地方だったとみられる。

このような文字の文化は、いつごろから日本に移植されたのか。それをさぐろうとする場合、とりわけ注目されるのは、隅田八幡宮の画像鏡銘である。この銘文は、銅鏡の周縁近くに陽鋳されたもので、文字のなかには左右の反転している字もみられる。象嵌とは違い、鏡の鋳型に文字を彫りこんだためである。したがって肉筆そのままとはいいにくい。しかし、その書風は丸みに富んだ隷書風で、稲荷山古墳の鉄剣銘や船山古墳の大刀銘と共通点が多い。

問題はこの鏡銘の年代である。この銘のなかには「癸未年」と読めそうな文字があり、それをもとに三八三年、四四三年、五〇三年、五六三年など諸説が出されている(癸未年は六〇年ごとめぐってくる)。どの説が正しいかを決めるのは現状では困難だが、銅鏡のつくりからすれば、六－七世紀の製作とみるのは無理のようである。この鏡は、銘をのぞけば中国の三国時代(三世紀)ごろに流行した神人画像鏡《しんじんがぞうきょう》をまねてつくった仿製鏡である。そこでこの種の仿製鏡がつくられたのはいつごろかということになるが、田中琢氏の研究(日本の原始美術8『古鏡』講談社、一九七九年)によると、四世紀から五世紀前半と考えるのが妥当という。とすれば三八三年か四四三年あたりが有望ということになる。ただこれは銘文の年紀が「癸未年」であるとした場合で、もしこの読みが正しくないということになれば、話は違ってくる。「癸」にあたる字は、銘文の文字だけをとれば、「矣」と読むのが正しい(坂元義種「文字のある考古学史料の諸問題」『ゼミナール日本古代史』下、光文社、一九八〇年)。そうすると年紀は「未年」としか記されていないとも解釈できる。未年は一二年ごとにあるから、三八三年や四四三年以外にもさらに候補は増えてくるわけである。

この鏡銘についてのもう一つの問題は、その製作地を朝鮮半島とする説のあることである。この説の根拠は、銘文のなかに出てくる「斯麻《しま》」を百済の武寧王と解するところにある。たしかに武寧王は実名を斯麻(嶋)といったが、王は六世紀初めごろの人であり、もし鏡の年代が先に述べたようなものであれば、これと矛盾する。またそのつくりも、他の仿製鏡とくらべてとくに異質な点はないという。したがって百済製作説は、考慮の外に置いていいだろう。

隅田八幡宮の鏡銘には、「斯麻」のほかにも、「意柴沙加宮」(オシサカノミヤ)、「開中」(カフチ)、「今州利」(コンツリ)のように、漢字の音を用いて日本語を表記した個所がみられる。「穢人」をエヒトと読んで訓仮名の例とする説もあるが、これは朝鮮半島北部の穢《わい》の人の意で、漢語と解してよい。

このうちの「州」(ツ)は、古代朝鮮の地名などの表記によく使われる朝鮮系のあて字である。この鏡銘の書が、稲荷山の鉄剣銘などに近いことは先にもふれたが、漢字の用い方でも鉄剣銘などと共通するところがあるわけである。この鏡の製作された時期が五世紀前半を下らないとすれば、稲荷山古墳鉄剣や船山古墳大刀の銘にみられるような文字文化は、さらにこの時期までさかのぼらせることができるだろう。

図5－5　隅田八幡宮画像鏡銘(鏡の周縁部の銘を縦に合成)

そうなると、これ以前の状況がさらに問題になるが、それを考える有力な手がかりは今のところみあたらない。もちろん、先にもふれたように五世紀前半以前にさかのぼる金石文もある。その一つ石上神宮の七支刀が四世紀末ごろのものとされていることは前述したが、鎌倉時代の中ごろにできた辞書『塵袋』には、次のような銘のある護身剣とよばれる古剣のことがみえている。

歳在庚申正月、百済所造、三七練刀、南斗北斗、左青竜右白虎、前朱雀後玄武、避深(除カ)不祥、百福会就、年齢延長、万歳無極

この銘文中の「庚申」の年は三六〇年、四二〇年、四八〇年などの可能性が高い。しかしこの剣も、銘文に明記されているとおり百済でつくられ、献ぜられた剣と考えられる。

むしろこれらの金石文よりも参考になるのは、仿製鏡の銘のあり方である。仿製鏡が盛んにつくられたのは五世紀前半ごろまでとされているが、先にも少しとりあげたように、中国鏡にくらべ銘の部分はまったく図形化したものがほとんどである。福岡県一貴山銚子塚《いきさんちょうしづか》古墳（二丈町）の仿製三角縁神獣鏡のように、銘文のはっきり読めるものや、先ほどの隅田八幡宮鏡のように独自の銘をもつものなどは、きわめて特殊な例といえよう。おそらく五世紀に入っても、文字の使用はそれほど浸透していなかったのではないだろうか。弥生時代の場合と同様、今後新しい資料の発見も期待されるが、今はこのように考えておくこととしよう。

こうしてみてくると、日本はおそくても五世紀前半ごろに文字使用の時代に入ったと考えられる。その際、基本になったのは、朝鮮半島を経由した中国の文字文化であった。その特色をもう一度まとめてみるなら、書体の面では隷書から楷書への過渡期の書体が使われ、また発音の面でも中国の三国時代ごろの古い漢字音を交じえていたといえる。

ただ、これまでふれなかったが、書体の古さという点は、もう少し説明が必要かもしれない。後世でも概して銘文などは、古風な書体でつくられるのが普通だから、いままでとりあげた銘文の類から日常の書体を考えるのは不適切ではないか、という疑問があってもおかしくないからである。しかしわが国に残っている金石文や古写経・古文書などを総合的にみた場合、七世紀の末ごろまでは、まだ隷書の筆意を残す書がたくさん存在する。ということは、それ以前にさほど進んだ書風があったとは考えにくいといえよう。初期の金石文に使われている書体は、だいたいその当時の日常的なものと判断して不都合はないのである。

なお、ここにあわせて断わっておきたいのは、漢字を受けいれる以前に、わが国独自の文字の文化はまったくなかったことである。近年、『記紀』以前の古い伝えを、日本独自のいわゆる神代《じんだい》文字で記した文献があったのだ、というような俗説が一部に行なわれている。実はこういう説は江戸時代からあり、神代文字にも十数種類があるとされている。しかし神代文字が偽作であることはまちがいない。そのことを何よりもよく示すのは、神代文字が四〇字から五〇字程度で一まとまりになっている点である。のちにも述べるように、八世紀の段階でも、日本語の音節は今よりも複雑で、現在一つしかない音にも甲・乙二種の区別のあったことが知られている。それより古い時代の文字であれば、当然それと同じか、さらに多い音の書き分けがなければならない。つまり神代文字は、日本語の音節がイロハ四十八文字程度になってしまった時代に、意図的につくられたものにほかならないのである。

さて次の問題は、早くから文字に接していた列島の人々が、なぜ五世紀ごろになって文字を使いこなすようになってきたのか、ということである。社会・文化の発展の結果といってしまえばそれまでであるが、それ以上の理由はなかったのであろうか。

まず考えてみなければならないのは、古代の社会で文字が担っていた役割であろう。今われわれは、文字というとすぐ新聞や雑誌・本を思いうかべ、情報伝達の手段ということを強く意識する。しかしそれは、印刷なりその他の伝達手段が、広範に文字と結びついた結果生じたことである。そういう手段の発達しない古代では、文字の果たす役割も今日とはよほど違っていた。文字は筆で書かれるだけで、しかもそれをできる人は限られている。官僚機構の発達した中国でも、大まかにいって文字をあやつれる最下層は、中央・地方の下級役人を出す階層あたりと考えていいだろう。識字人口が限られていれば、書物の需要も多くはない。

むしろ文字は、上の命令を下に伝え、統治を徹底させる手段として重要な意味をもった。中国では早くから文字が中央集権的な統治のなかに組みこまれている。あらゆる命令や上申は文書の形をとって遠方にまで伝えられ、人民は戸籍に登録されて租税や力役を徴発された。いずれも、文字を介さなくては実現できないことといえる。古代社会での文字の存在意義は、第一にこの点にあったといってもいいすぎではないだろう。

では日本で文字の使用がはじまったのも、統治手段としての文字の必要性が認められたからと考えてよいであろうか。古墳時代のわが国の様子をみるかぎり、どうもそうとは思われない。現に戸籍の作成一つをとっても、それが史上にあらわれるのは、さらに下って六世紀前半、欽明朝のことである。五世紀前半の日本の社会は、もっとプリミティブな統治でこと足りる状態だったといえよう。日本に文字の技術がとり入れられた原因は、これとは少し別の角度から考えてみる必要がある。私はそのきっかけを、中国との外交関係のなかに求めてみたい。

古代にあって、文字に書かれたものが大きな役割を演じたもう一つの場は、外交の場であった。中国がその周辺諸国と外交関係をもつ場合、多くは冊封という形をとったが、冊封関係の成立は、国書の交換や中国からの国王印の賜与など、これまた文字を媒介としないでは成り立たない行為を含んでいた。

日本列島に存在した弥生時代の小国家のなかにも、いちはやく中国の王朝と、このような関係をもつにいたったものがあった。後漢の光武帝から金印をうけた奴国、三国時代の魏王朝から親魏倭王に冊立された卑弥呼の邪馬台国などは、その有名な例である。おそらくそれらの国々と中国とのあいだには外交文書がとりかわされたに相違ない。たとえば『魏志』倭人伝は、景初三年(二三九)十二月、卑弥呼に対して下された魏の明《めい》帝の詔書を載せており、また正始元年(二四〇)には、魏の少帝の詔に対して、倭王が上表して答謝したことも記されている。

ただ注意しなければならないのは、邪馬台国時代までの中国との通交は、朝鮮半島にあった中国の出先官庁、楽浪郡や帯方郡を介して行なわれたことであろう。こうした間接的な交渉ならば、日本側に十分な文筆能力がなくても可能である。中国側の文書の内容は、出先の官人や朝鮮半島の人々によって伝達できたであろうし、逆に日本側の意志も、これらの人々によって文章化されることができたはずである。したがってこの段階では、まだ外交面でも文字の技術を必須とする状況はあらわれていなかったとみられる。

しかし五世紀初め以降、この状勢は変わってきた。いわゆる倭の五王による外交のはじまりである。三世紀末以後とだえていた中国との通交が、宋の永初二年(四二一)になってまた中国の正史にあらわれてくる。このとき宋に朝貢したのは「讃」とよばれた王であるが、ついで珍・済・興・武の四王が次々に南朝の諸王朝に朝貢する。

これらの過程で文書がやりとりされた具体的な様子はよくわからないが、はっきりしているのは、すでに中国による朝鮮半島の統治が終わり、日本が直接中国と通交する形になったことである。また朝鮮諸国との関係でも、日本の目的は中国に朝鮮半島での支配権を認めさせようとするところにあったから、外交的に朝鮮諸国に全面依存することは、むずかしかったにちがいない。

ここに、文筆能力のある人々を独自に確保する必要が、はじめて課題となったと思われる。この方面には先進国である朝鮮諸国の人々を招き、文筆技術者集団をつくることが急務とされたはずである。先にみたような朝鮮色の強い、やや古風な文字の文化は、文字のスタートをこのように考えるとたいへん理解しやすい。文筆技術をもって朝廷に仕えた東漢《やまとのあや》氏や西文《かわちのふみ》氏の祖先が、応神朝(四世紀末)に渡来したと伝えられているのは、そのまま事実とは認められないにしても、たんなる偶然ではないだろう。

わが国における文筆技術は、こうした対外関係のなかで養成されはじめたと考えられるが、『日本書紀』の雄略天皇二年の条には、「史戸《ふひとべ》」の設置が記され、また史部の身狭村主青《むさのすぐりあお》と檜隈民使博徳《ひのくまのたみのつかいはかとこ》の両人がとくに天皇の寵をうけたとみえる。史戸は史部（朝廷の書記）を経済的に支えるために設定された人民とみられている。五世紀後半になると、朝廷の文筆技術集団を維持するため経済的な基盤が整えられる一方、史部となった移住者やその子孫のなかに、天皇と結びつく人物の出てきたことも知られよう。ほぼ同時代とみられる江田船山古墳の大刀銘には、銘の「書者」（おそらく銘の作者でもあろう）として「張安」という人名が最後に記されているが、これなどは、その名前から推して中国人の血を引いた朝鮮の人であったとみてよさそうである。

これまで文筆技術の初期の姿をさぐってきたが、文字の文化は、これ以後単純に浸透・拡大していったわけではない。また文字の普及につれて、わが国独自の文字文化も形づくられるようになった。つぎにこれらの点について、簡単にみておくことにしよう。

文筆技術が浸透してゆく過程で、五世紀についで注目されるのは、六世紀半ばの欽明・敏達朝である。『日本書紀』には、欽明天皇三十年（五六九）、吉備の白猪屯倉《しらいのみやけ》で田部《たべ》の丁《よぼろ》の籍がつくられたことが記されている。これは屯倉という大王家直轄領に限ってではあるが、のちの戸籍の前身ともいうべき、成年男子の名簿が整備されるようになったことを示している。このように統治技術の一環として文字を使用することが、文筆の普及につながることは先にも述べたとおりである。

近年、遺跡の発掘が増加するなかで、文字を刻んだ古墳時代の土器や埴輪がみつかる例もふえてきている。たとえば、大阪府の野々井遺跡から出土した須恵器断片には、焼成前に箆《へら》書きされた「林」「向」など文字らしいものがいくつかみられる。そうした事例は年代を明確におさえられるものが少なく、資料として弱点は残しているが、いちおう古墳時代後期になって、文字が普及していった結果とみることができよう。

なおこの時期には、文筆技術そのものにも革新があったらしい。これも『日本書紀』に出てくる有名なエピソードであるが、敏達天皇元年(五七二)、高麗(高句麗)の使いが烏の羽に書かれた国書をさしだした。しかし朝廷には読めるものがない。そこで天皇が船史《ふねのふびと》氏らの祖である王辰爾という人物にこれを読ませたところ、みごとに読み解いたという。

これは文首《ふみのおびと》、文直《ふみのあたい》など従来の文筆技術者たちの知識が古くなり、最新の文章を読み解けなくなっていたことを示す、たとえ話と解する説がある。文筆技術の導入から一世紀あまりを経て、そうした事態が進行していたとしてもおかしくない。文筆技術というものが今より格段に閉鎖的なものだったことを考えれば、なおさらそうである。王辰爾は、名前からしてもおそらく移住民の一世であろう。彼の子孫が船史、津史、白猪史などとして、港湾の税や屯倉の管理実務にあたったことは、文字と統治との深い結びつきを示すものといわねばならない。

文字普及の第三の画期は、七世紀後半である。日本の古代国家は、この時期、中国的な律令制度をとり入れながら、中央集権的な国家機構を整えていった。その制度上の集大成が大宝二年（七〇二）に施行された大宝律令である。中国で早くから行なわれていた文書による行政は、この時期になってはじめて広範に実現されたといえる。

このような制度を維持してゆくには、文字を知り算術のできる役人が多数必要である。大宝律令による行政機構を運営するには、中央だけでも約一万人の役人を要したと計算されている。律令制の整備自体、ある程度の文字の普及なくしては考えられないが、逆に律令制の整備が、文筆技術を幅広く浸透させる契機になったことも、容易に想像できよう。文字を知ることは、支配機構の末端につながる基礎条件でもあった。この点、律令制度の強固だった奈良時代から平安時代前期にかけては、日本の歴史上、まれにみる識字人口の多い時代だったとみてよさそうである。

ただ、文字の使用が律令制と深い関わりをもっていたために、律令制の衰退が識字人口の減少につながったという面も、否定できない。鎌倉時代初期には、文盲の貴族すらあらわれてくるのである（『玉蘂《ぎょくずい》』建暦元年十月十三日条など）。

なおこの七世紀前後の遺跡の発掘品のなかに、木簡や、墨で文字のかかれた土器があらわれてくることも注意されてよい。こうした遺物の存在は、墨や筆の使用を示すからである。紙や墨の製法を習得した高句麗僧曇徴《どんちょう》の来朝は推古天皇十八年（六一〇）のことというが、文字の普及は墨・筆の普及なしに考えられないことはいうまでもなかろう。

漢字の使用が広まってゆくなかで、わが国独自の文字文化が発達したことも、見のがすことができない。漢字を使って日本語を表記することの発生がそれである。漢字で日本語を表記するといっても、二つの場合があり、文字の配列を日本風にし、「賜」(たまう)、「坐」(ます)なども漢字で挿入する、いわゆる変則漢文の形をとる方法が一つである。もう一つはさらに徹底して漢字の音・訓を利用し万葉仮名で文をつづる場合である。この二つは混合して使われることもあったが、発生的には変則漢文の方が古い。たとえば白雉《はくち》二年(六五一)の年紀をもつ金石文に次のような例がある。

辛亥年七月十日記。笠評君、名左古臣、辛丑日崩去辰時、故児在布奈太利古臣、伯在□古臣、二人乞願。

辛亥年七月十日記す。笠評君《かさのこおりのきみ》、名は左古臣《おみ》、辛丑の日崩去《かむさり》し辰時《とき》なり。故《かれ》、児なる布奈太利古臣、伯《おじ》なる□古臣と、二人して乞《こ》い願う。

(法隆寺献納宝物　金銅観音立像)

造像の由来を記した銘文であるが、語序は日本風で、「児在」(児なる)といった表現もみられる。しかしこのような変則漢文は日本独自のものではなく、高句麗の長安城刻石(五六六)や新羅の南山新城碑(五九一)など、古代朝鮮の金石文にも例がある。変則漢文は、日本と言語上も近い関係にある朝鮮諸国ですでに使用されており、それが日本語の表記にも応用されたと考えねばならないだろう。

万葉仮名の方も、その起源をたどってゆけば、決して新しいとはいえない。先にとりあげた隅田八幡宮の鏡の銘や稲荷山古墳の鉄剣銘にも、漢字の音によって和語を書いた例があった。既述のような漢字音の特徴からすると、このようなやり方も、朝鮮諸国から学んだとみられる。しかしそれらの用例は、いずれも固有名詞などの短い単語に限られていた。それが広く他の語彙にまでおよんでゆくのは、現存する資料によるかぎり、七世紀代のことであったと思われる。

『万葉集』の巻一・巻二は、奈良時代の初頭に編纂され、七世紀代の表記を伝えている巻と考えられるが、そこに収められた長歌や短歌は、さまざまな漢字の音と訓を組み合わせ、実に多彩な表記となっている。その一、二をここにあげておこう。

(イ)左散難弥乃　志我能大和太　与杼六友　昔人二　亦母相目八毛

ささなみの　志賀の大わだ　淀むとも　昔の人に　またも逢はめやも　（巻一―三一）

(ロ)向南山　陳雲之　青雲之　星離去　月矣離而

北山に　たなびく雲の　青雲の　星離れ行き　月を離れて　（巻二―一六一）

(イ)が一字一音風なのに対し、(ロ)は一見漢詩風である。『万葉集』の巻一・巻二とほぼ同時期にまとめられた『日本書紀』や『古事記』でも、歌謡の部分を中心に、こうした万葉仮名の表現がとられている。

万葉仮名の使用は、それ以後も衰えることなく、むしろ拡大していったとみられる。正倉院に残る奈良時代の古文書のなかには、万葉仮名ばかりで書かれた書状があるし、発掘された木簡にも、万葉仮名の文書がみられる。

もっとも先にあげた『万葉集』のような例をみると、はたして実用に役立ったのかと疑われる読者もあろう。しかし『万葉集』に使われている仮名の大部分や、『日本書紀』の万葉仮名などは、実際に用いられた万葉仮名のなかでは例外的に複雑なものである。それは字面を修飾するため、あるいは文学的効果をねらうため、ことさら選ばれた表記といってよい。

むしろ、それらの基層に、実用的な万葉仮名の世界があった。それは字画が簡単で、読み方に異義の生じにくい漢字から構成された、一つの体系である。専門家はそのような仮名を常用仮名という。正倉院文書や平城宮木簡の仮名書き例は、こうした常用仮名によるものばかりである。

万葉仮名で使われる漢字音は、古い時代の例とは違い、だいたい同時代の中国の標準音か、いわゆる呉音で解釈できるものがほとんどである。また八世紀代までは、五〇音のうち、「き」「け」「こ」「そ」「と」「の」「ひ」「へ」「み」「め」「よ」の一一音に、甲・乙二種類の音があり、厳密に区別されていた。万葉仮名でもこれらの甲・乙二音は、それぞれ違う種類の文字があてられていて、はっきり書き分けられている。しかもそれぞれのグループの漢字について、もとになった中国での発音を調べてみると、やはり相違があり、それを手がかりにすると、甲・乙両音の発音の違いを復元することも不可能ではない(森博達『古代の音韻と日本書紀の成立』大修館書店、一九九二年)。

ともあれ、このような万葉仮名の普及を背景に、やがて平安時代前期になって平仮名・片仮名が発明される。それは日本の文字文化の流れのなかで、画期的なことであり、第二の文字のスタートであったといってもいいすぎではなかろう。ただ、平仮名・片仮名の発生について、ここに詳しく述べることはできないので、次のような諸点をとりあげるだけにとどめておこう。

普通、平仮名は漢字を草書体にくずしたものからつくられたといわれ、片仮名は漢字の部首の一部をとったものとされている。それはそれで正しいのであるが、仮名の字体は平安時代前期に一律に登場してくるわけではない。たとえば平仮名・片仮名の「へ」のもとになった「ア」という字体は、ずいぶん長い使用の歴史をもつ。二三頁でとりあげた島根県の岡田山一号墳出土の鉄刀銘にみえる例は、六世紀後半―七世紀初めごろのものである。この「ア」は「各(額)田部」という部の名称を表記するのに用いられているが、「ア」という字体そのものが「部」の旁をとったものという。ところで「ア」の用例をさかのぼってゆくと、古代朝鮮の金石文にゆきつく。五六六年の高句麗長安城刻石には「後ア」という形で、「部」の略体として使われているのである。「ア」はわが国でつくられた略体ではなく、すでに古代朝鮮で古くから使われていた字体がわが国に入り、さらにうけつがれて仮名の「へ」の源になったわけである。

古代朝鮮にまではさかのぼらなくても、古くから使われていた字体はほかにもある。図5-6は魚名「知奴」を記す藤原宮木簡である。この「奴」が平仮名そっくりに草書化されていることに注意していただきたい。この木簡が書かれたのは七世紀の末である。ほかの字の書き方にくらべ、「奴」がとびぬけて略体化しているのは、この平仮名的な書き方が、すでに早くから普通になっていたためであろう。このような「奴」は、この木簡だけでなくほかにも例がみられる。

平仮名の「と」については、音と形の両面で、古い時代とのつながりが指摘できるが、これについてはすでに述べたところを参照していただきたい(本書八七頁以下)。

こうしてみてくると、平仮名・片仮名のなかにも、意外に五—六世紀あたりの古い文字文化とつながるものがあることがわかる。最初に植えつけられた文筆技術は、その後の革新をうけながらも、仮名をつくりだす基盤になったというべきであろう。

おわりに注目しておきたいもう一つのことがらは、完全な音標文字である仮名が、九世紀ごろにはすでに生みだされていたことである。

漢字による文筆技術を摂取した中国の周辺諸国では、日本と同様、漢字を利用して自国の言葉をあらわそうとする努力がなんらかの形でつづけられた。すでにふれたとおり、古代朝鮮では早くから変則漢文があらわれ、さらに七世紀末になると、日本の万葉仮名に類するものも開発されるようになっ

図5-6　藤原宮木簡

た。また南方のベトナムでは、十四世紀になって字喃（チュノム）とよばれる自国語の表記手段があらわれてくる。しかしこれらの例に比較して、日本の仮名は自国語の表記手段として、はるかに体系的で徹底したものになっており、その発明時期も古い。古代朝鮮での試みはわが国の範となったくらいで、年代的にも先行するが、仮名のような独自の音標文字は、十五世紀半ばのハングルの制定をまたねばならなかった。

こうした差が生じた根本的な原因は、日本が漢字文化圏のなかでは一番遠くに位置し、比較的自由に漢字文化を習得・改変してゆくことができたからであろう。漢字は表意文字であるということもあって、中国的な理念・思想を背後に色濃く従えている。それだけに中国文化の影響を直接こうむった地域では、漢字・漢文を絶対とする意識からぬけでることは容易なことではなかった。ハングルが正統の漢字・漢文に対し、「諺文《おんもん》」と称されたことは、それをよく物語る。日本においてもその意識がなかったわけではない。漢字を「真名《まな》」とし、それに対して「仮名」とよんだのはまさにそのあらわれであるが、なんといっても、他の地域ほど中国文化の影響は直接的でなかった。この中国大陸との適度な隔たりは、中国文化の受容にとって、たいへん好ましい条件である。文字文化の摂取もまた、その例外ではなかったといってよかろう。

書後

いま文字は、記号と芸術作品の両極へ分裂しつつある。ワープロなどの文字は、特定の形をもつ記号にすぎないが、その一方で読むことさえ困難な文字が、書道の世界で珍しくない。しかしこうした文字のあり方は、決して古くからのものではなかった。むしろ文字は、古くさかのぼると、筆と墨を使って書かれるものであり、記号としての性格と芸術作品としての性格を、二つながら内包する存在だったといえる。文字は同時に「書」に他ならなかった。たとえその文字が金石などに入れられたものでも、もとは肉筆であり、この点に変わりはない。

しかしこれまでの古代史では、活字による史料刊行が進んでいたこともあって、主に史料の内容が検討の対象とされ、「書」の方はおろそかにされてきたきらいがなくはない。そこで古代人の残した文字や文章について、それがどのように書かれているのか、また「書」から何が読みとれるのかをさぐってみようとしたのが、本書の諸篇である。もちろん全篇すべてがこれで貫かれているというわけではないが、底流にこうした関心があることは、読みとっていただけると思う。

本書を『書の古代史』と名付けるについては、迷いがなかったわけではない。すでに春名好重氏による同名の書（新人物往来社、一九八七年）があることは、御承知の読者も多いと思う。しかしその内容は本書と全く異なっており、まぎれる恐れはない。本書の関心に最も適合する書名として、これを選ぶことにした。

本書の中心をなすのは、二玄社のPR紙に連載した諸篇である。このシリーズについては、連載中から直接、間接に励まして下さった方もあり、意外な人が読者と知って喜んだこともあった。私にとっても、研究論文の再話にとどまらず、速報性を生かして、ここだけにしか書かなかった話材も多い。長期の連載におつき合いいただいた二玄社の小池寛氏に、まず御礼申し上げたい。また連載を一書にまとめるよう勧めて下さり、編集の労をとられた岩波書店の山本しおみ氏にも、あつく御礼申し上げる次第である。山本氏には見事な構成案を作っていただきながら、私の怠慢で仕事が遅れ、思わぬ御迷惑をかけてしまった。なお本書に挿入した多くの写真は、所蔵者各位の御好意による。文末ながら記して謝意を表したい。

一九九四年十一月

著者

岩波人文書セレクションに寄せて

本書に集めた文章は、初出一覧からもわかるように、特に古い一篇を除くと、一九八〇年代の後半から九〇年代のはじめに書かれた。本書をまとめた狙いは、発掘で出土する文字資料が増えている動向に注目しながら、それらを含め、古代の史料を「書」という観点から分析すれば、新たな価値を発見できることを示すところにあった。当時、古代史の分野では、史料がもともと少なかったこともあって、ほとんどの主な史料は、すでに活字化されていたから、刊本さえあれば事足りるというのが、一般的な研究者の認識であったと思う。しかし写真で見る史料は、写本であれ文書であれ、それぞれ個性に富む。「書」という視点を導入すれば、史料がさらに生きるのではないかという思いが早くからあった。

こう書くともっともらしいが、出発点は、とくに書道を習ったことはないにも拘らず、何となく古い書き物が好きであった私の性向にある。中学から大学を、六〇年代から七〇年代にかけて過ごしたが、あたかも平城宮跡や、さらには藤原宮跡でも木簡の出土が相次いだときであり、青山茂氏の書かれた毎日新聞の連載記事などを楽しんで読みつつ、古代人の生の筆跡に興味津々であった。しかし、これを専門研究に生かすことになったのは、大学を出て奈良国立文化財研究所(当時)に入り、木簡をはじめとする実物資料に接することができるようになったのが大きい。なかでも重要なのは、研究所の歴史研究室長であった田中稔氏との出会いである。

田中氏の御専門は中世の古文書学であったが、南都七大寺の研究が研究所の重要課題であった関係もあり、古写経や古代～近世の聖教、さらには各種版本など、ひろく書蹟、文書に通じておられた。その田中氏が史料の時代を語る時、常に口にされたのが「書風」である。木簡の書風についても、当初、平城宮木簡の調査に関わられた経験から、終始関心を持たれていた。それまでから漠然と知っていたことではあるが、書風が時代判定の重要な決め手ともなること、書風の変遷には文化的背景が存することを、田中氏やその薫陶を受けて調査されている諸先輩から具体的に学ぶ機会を得た。私が比較的よく参加できた京都仁和寺の史料調査は、古いところはあらかた調査し尽くされ、中近世の聖教や版本ばかりであったが、奥書や刊記のないものは自分で時代を決めねばならず、迷うものは最後に田中氏のところへ持って行き、南北朝でしょうか、室町前期でしょうか、などと判断を聞く。このような訓練の場を体験したのは、研究所時代の終わりに、飛鳥資料館で古代の在銘金銅仏や墓誌の展観に関わり、主な古代金石文をほとんど実見できたことと並んで、大きな財産になった。

ところで書風を研究に取り入れることは、本来こうした実物相手の分野で展開してきた側面があることは否めないであろう。文化財の指定、史料の編纂、発掘資料の報告などに役立つからである。逆に言えば、政治・法制・社会経済などを主な対象とする通常の歴史研究では、さほど意味がない。この分野への関心が高くなかったのも肯けることである。さらにたとえ関心が持たれても、それを減殺するような事情もある。それは書風の判断が、恣意的な作業と見られることである。豊富な事例との比較検討などと言っても、確かに客観的な証拠は挙げにくい。しかし、これを単なるあて推量と片付けてしまうのはいかがであろうか。むしろ、ある程度の知識・経験があれば、複数の研究者が見ても、それほど大きな見解の相違を来たさない場合がほとんどである。ただ、書風の識別が不得意な人が当然いるが、それはあたかも音楽や美術を解さない人がいるのと同じではなかろうか。これらの芸術作品にあっても、程度の差こそあれ、多くの評価はほぼ落ち着くべきところに落ち着いてくる。実は通常の史料の価値判断においても、一種のセンスの有無が重要なことは同じであって、書風のような問題では、それが突出して現れてくるのであろう。このような方法は、一つの分析手段として当然認められて然るべきであった。

しかし本書の初版から十五年余り、私としては時代が変ったという感を禁じえない。実物に接する機会の多い研究者や、一部の書家に限られていた書風への認識は、幅広く共有されることになった。木簡など、出土文字資料を検討する学会などでも、書風や、それと関係深い字体に話題が及ぶことは珍しくなっている。書風の同定や変遷を正面から取り上げた論考としては、内藤乾吉氏の論文に導かれて私が一九七〇年代後半に書いたものなどが、いわば走りであったかと思うが、書風を題名に織り込んだ論文さえ、近年目にする機会が出てきた。こうして書風という分析手段が認知されてきたのは喜ばしい。

とはいえ、書風という視角が、まだまだ大きな展開の可能性を秘めていることは確かであろう。筆法や字形の特徴を見て、書かれた年代を考えることは、もはや定着してきたといってよいし、木簡のように、正式な文書から落書まである場合、書風は筆者がどういう意識でそれを書いたかを判断する手がかりになることも広く知られてきた。さしずめ今後の課題は、墨の継ぎ方や字間の取り方に注目して、古代の文書を改めて読み直すことであろう。一九八九年に大量に出土した長屋王家木簡を読み解く中で、私はそれを痛感した。本書でも触れたが、長屋王家の木簡には、和風の文体で綴られているために、どのように読むべきか、判断に迷うものが少なくなかった。語彙の問題は、他の文献の用例を集めて検討すれば、ある程度解決可能であるが、文の区切り方は難物である。実のところこの問題は、それまでよく利用されてきた正倉院文書や木簡にもあったのであるが、今にして思うと、古代史の分野では一字一句を読み下すことがおろそかにされ、字面を追いつつ大体の意味を取るだけで済ませてきたところがあった。国語学の研究では、さすがにそのようなことはなかったが、研究者の関心が万葉仮名で書かれた史料に集中してきた嫌いがある。従って、漢字が並んでいても、和風の文体で綴られた長文の木簡となると、まず「読む」ことから始めなければならなかった。

その時気づいたのが、木簡の筆者は文の区切れ目で、それとわかり易いよう、字間を少し空けていること、墨がかすれてくると、文の区切れる箇所で墨を継ぐ傾向があることである。なにしろ後世のように、区切点の一般的な使用は見られなかった時期である。字間を空けるという工夫は、意思を正しく伝達するもっとも簡便な方法であったろう。また、文の切れ目で墨継ぎをするのは、時代を問わず最も自然なやり方である。気がついてみれば当然のことであったが、これで読みを確定できた木簡もあった(拙著『長屋王家木簡の研究』塙書房、一九九六年、四八頁)。翻って考えると、従来漠然としか読まれてこなかった多くの木簡に、このような観点からの読み直しは必須であろう。また、様々の漢文的でない構文を備えた奈良時代の古文書を正確に読み解くには、この方法の応用が欠かせまい。難解な漢文を扱うアジア史や中国文学の研究では、書き下し文や逐語訳を挙げて論ずるのが普通であることを考えれば、ひとり日本の古代史がそれを省いてよいはずはないであろう。書風、筆跡はその見直しのための有力な武器となるのである。

こう見てくると、以前のように印刷された史料だけで古代を研究することが、もはやできなくなっていることが実感される。写真によって原物の持つ情報を引き出してゆくことが望ましい。勿論、実物に就くに越したことはないが、実物を見ればすべて解決すると考えるのは早計である。むしろ文字情報を冷静に観察するには、何度も検証でき、他の条件に妨げられない画像が優るとも言えよう。幸い赤外線デジタル撮影の導入や、精細な写真製版の低廉化によって、八世紀までの史料の多くが、図版で確認できるようになっており、平安時代についても、その状況は進みつつある。

その中にあって、さらに開示が望まれるとすれば、それは正倉院関係の銘文史料であろう。正倉院宝物には様々な文字、文章を入れられたものがあり、そのほとんどは毎日新聞社の『正倉院寶物』一〇巻で公開された。しかし大多数は釈文のみで画像が伴っておらず、銘文という史料の性格から言って、そのままでは史料として利用できない場合が少なくない。銘文の場合、文字がどのような書風で、どの場所にあるのかは極めて重要である。実例を示すなら、正倉院に残された幡の一つに、次のような墨書銘があるとされるものがある。

原首□□幡

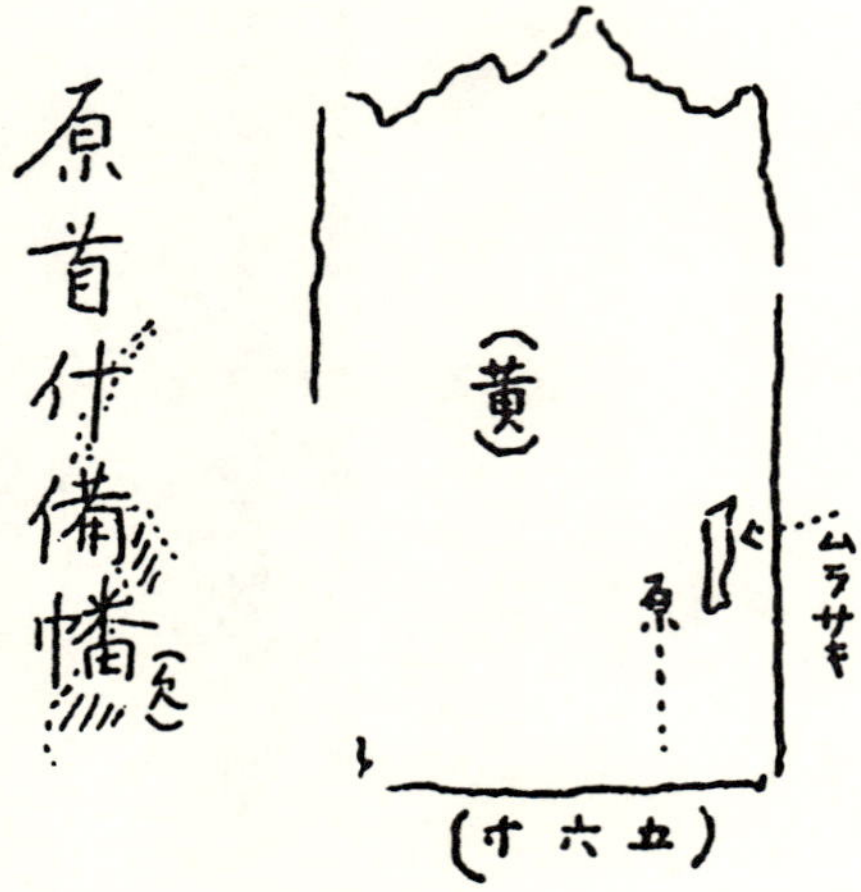

『なら』35 号，1925 年より．クレス出版復刻，2004 年による

黄絁で仕立てた幡で、坪部に墨書されているというが、これだけでは文が完結しているのかどうか確かめられない。「原首」は寄進者の氏姓と見られるものの、文頭に欠損があるかもしれず、断定するのもためらわれよう。たまたまこの銘文については、大正十四年(一九二五)に奈良帝室博物館で展示された際、高田十郎氏の残した詳しい所見付きの図があって、その状況がよく判明する(右図)。この記録は、他の銘文に脱字があるなど必ずしも完全とは言えないが、高田氏は八〇年余り前の状態を誠実に手記に留めた。これによると墨書は坪の右下にあり、完結していると判断される。氏姓は「原首」、名前は残画からすると「佐備」であろう。「左」の部分は欠損しているらしいが、第二画を縦線として表す例は珍しくなく、どちらかといえば、中国の古い書風を受け継いだ七世紀の文字史料によく登場する。この幡は法隆寺宝物が正倉院に混入した例の一つとされているが、「佐」の形はその推定ともよく合致する。高田氏は材質を綾と誤るが、右周縁部に紫絁が付着しているとしており、これはこの幡が、もと縁付きの仕立てであったことを示唆するであろう。ほんの一例に過ぎないが、たとえ写真ではなく手控えでも、無きに優ることはこれで明らかである。この幡の現状は不明であるが、もし劣化の進行でさらに傷んでいるとするなら、比較の材料として、ますます現時点での画像の公開が望まれると言わねばならない。

「岩波人文書セレクションに寄せて」と称しながら、専門の内輪話に傾きすぎたかもしれないが、以上は後付けの解説に過ぎない。時を経てやや古くなったところもあるが、本文で「書」から見た古代史料の多様な面白さを味わっていただければ幸いである。

二〇一〇年一〇月

東野治之

■岩波オンデマンドブックス■

書の古代史

1994年12月13日　第1刷発行
2010年12月10日　人文書セレクション版発行
2015年8月11日　オンデマンド版発行

著　者　東野《とうの》治之《はるゆき》

発行者　岡本　厚

発行所　株式会社　岩波書店
〒101-8002 東京都千代田区一ツ橋2-5-5
電話案内 03-5210-4000
http://www.iwanami.co.jp/

印刷／製本・法令印刷

ISBN 978-4-00-730259-6　　Printed in Japan

索　引

凡　例

1　主要な語句を事項・人名・書名に分け，五十音順とした.
2　関連する記述の意味を取って立項した場合もある.
3　ある項目を主題とする節があるときは，その個所のみを示した.
4　→は参照項目を示す.

事　項

人　名

書　名

挿図目録

第一章

第二章

図 2-4　金沢市黒田遺跡の墨書土器(『加能史料』(1)による)
図 2-5　北大津遺跡出土木簡(『滋賀大国文』16 号，1978 年による)
図 2-6　平城京木簡の『千字文』落書(奈良国立文化財研究所蔵)
図 2-7　李暹『注千字文』(上野淳一氏蔵)
図 2-8　平城宮木簡の王勃詩序断簡(奈良国立文化財研究所蔵)
図 2-9　正倉院宝物『王勃集』残巻(部分)
図 2-10・11　藤原宮木簡(奈良国立文化財研究所蔵)
図 2-12　藤原宮墨書土器(奈良県立橿原考古学研究所附属博物館蔵)
図 2-13・14・15・16　長屋王家木簡(奈良国立文化財研究所蔵)
図 2-17　和銅五年長屋王願経奥書(根津美術館蔵)
図 2-18　聖武天皇勅書銅版銘文稿本(正倉院文書続修 1 巻)
図 2-19　聖武天皇勅書銅版(拓影)
図 2-20　安都雄足の筆跡(1)(正倉院文書)
図 2-21　安都雄足の筆跡(2)(正倉院文書)
図 2-22　安都雄足の筆跡(3)(正倉院文書)

第三章

図 3-1　広目天光背銘(法隆寺蔵)
図 3-2　多聞天光背銘(同上)
図 3-3　持国天光背銘(同上)
図 3-4・5　東大寺大仏殿西廻廊隣接地出土木簡(奈良県立橿原考古学研究所蔵)
図 3-6　遺教経奥書(石山寺蔵)
図 3-7　遺教経(トルファン本)(部分)(四天王寺故出口常順氏蔵)
図 3-8　藤原夫人願経奥書(京都国立博物館蔵)
図 3-9　光覚知識経奥書(部分)(同上)
図 3-10　光覚知識経奥書(『摽有梅』第三冊．東京都立中央図書館加賀文庫蔵)
図 3-11　『天保山所図会』末尾広告(部分)
図 3-12　浄野人足解
図 3-13　写経生試字(『訪書余録』による)
図 3-14　柴野栗山旧蔵『文館詞林』巻 507 模本末尾(慶応大学斯道文庫蔵)
図 3-15　大神宮文書「ム」(『南京遺芳』による)

＊ 岩波人文書セレクション 追記
初版刊行時点で，2, 3 の方から 24 頁の図 1-6 が誤っていることをご指摘いただいたので，今回ふさわしいものに差し替えた．

初 出 一 覧

再録稿については，多少とも筆を入れたが，比較的大きな変更を含む場合は「加筆」，部分的な補訂を加えた場合は「補訂」と表記した．但し参考文献や挿図の補入については，この限りでない．

序　『墨』73号(1988年)所載「多種多様な古代の文字資料」に加筆.

第一章

1　出版ダイジェスト1245号(1988年3月)所載「稲荷台古墳の「王賜」銘鉄剣――古代の文字資料から(6)――」に加筆.

2　同1353号(1990年10月)所載「朝鮮出土の銀象嵌鉄刀銘――古代の文字資料から(13)――」を補訂.

3　同1086号(1984年4月)所載「出雲出土の鉄刀銘について」を補訂.

4　同1343号(1990年6月)所載「法隆寺釈迦三尊台座の墨書――古代の文字資料から(12)――」に加筆.

5　新稿.

6　出版ダイジェスト1437号(1992年9月)所載「行方不明の在銘金銅仏――古代の文字資料から(20)――」.

7　同1298号(1989年6月)所載「竜首水瓶の墨書――古代の文字資料から(8)――」.

8　同1393号(1991年9月)所載「聖徳太子画像の「墨書」――古代の文字資料から(16)――」に加筆.

第二章

1　出版ダイジェスト1187号(1986年12月)所載「発掘された則天文字――古代の文字資料から(2)――」に，群馬県教育委員会県史編さん室『群馬県出土の墨書・刻書土器集成』(2)(1992年)所載「墨書・刻書土器の意義」の一部を合編し加筆.

2　出版ダイジェスト1428号(1992年6月)所載「最古の万葉仮名文――古代の文字資料から(19)――」.

3　同1319号(1989年12月)所載「『千字文』と古代の役人――古代の文

字資料から(10)――」に加筆.
4 毎日新聞 1975 年 6 月 12 日夕刊所載「王勃集――木簡からの発見」.
5 出版ダイジェスト 1008 号(1981 年 10 月)所載「木簡の周辺(1)――藤原宮木簡の仮名と書――」に加筆.
6 出版ダイジェスト 1277 号(1988 年 12 月)所載「長屋王家の木簡」, 同 1308 号(1989 年 9 月)所載「長屋王家木簡の書風――古代の文字資料から(9)――」に,『水茎』7 号(1989 年 9 月)所載「古文書・古写経・木簡」の一部を合編し加筆.
7 新稿.

第三章

1 出版ダイジェスト 1199 号(1987 年 4 月)所載「法隆寺四天王光背の銘文――古代の文字資料から(3)――」を補訂.
2 同 1287 号(1989 年 3 月)所載「東大寺大仏の造立と木簡――古代の文字資料から(7)――」に加筆.
3 『図書』502 号(1991 年 4 月)所載「「施行」された書物」.
4 出版ダイジェスト 1383 号(1991 年 6 月)所載「藤原夫人願経の「内親郡主」――古代の文字資料から(15)――」.
5 同 1233 号(1987 年 12 月)所載「光覚知識経の奥書――古代の文字資料から(5)――」.
6 同 1417 号(1992 年 4 月)所載「正倉院文書の流転――古代の文字資料から(18)――」に加筆.
7 同 1333 号(1990 年 4 月)所載「『文館詞林』と白雲上人――古代の文字資料から(11)――」を補訂.
8 『文学』52-9(1984 年 9 月)所載「寸言 抹消符と倒置符」.

第四章

1 出版ダイジェスト 1159 号(1986 年 3 月)所載「敦煌遺書と日本の古写本――『敦煌書法叢刊』の完結に寄せて――」に加筆.
2 同 1223 号(1987 年 10 月)所載「ペルシア文字とソグド文字――古代の文字資料から(4)――」.
3 同 1179 号(1986 年 9 月)所載「開元通宝と和同開珎――古代の文字資料から(1)――」に加筆.
4 新稿.

5　出版ダイジェスト 1405 号(1991 年 12 月)所載「日本僧の書いた「永楽通宝」――古代の文字資料から(17)――」に加筆.

6　同 1362 号(1990 年 12 月)所載「大暦元宝と大谷探検隊――古代の文字資料から(14)――」に加筆.

第五章　坪井清足編『日本古代史 2 縄文との対話』(集英社, 1986 年)所載「文字のはじまり」に加筆.